키워드 한국사 ③

키워드 한국사 3
고려

김창현 지음
이선희·김진화 그림

사□계절

이 책을 펴내면서

이제 막 역사의 문턱에 들어선 친구들에게

역사란 무엇일까?

　너희들은 친구를 처음 사귈 때 그 아이가 그동안 어디에서 살았으며 가족은 누구인지, 또 어떤 환경에서 자랐는지 궁금한 적이 있었을 거야. 역사란 바로 그런 거란다. 이미 흘러가 버린 과거에 무슨 일이 있었는지 궁금해하고 그것을 알아 가는 과정이 곧 역사라는 거야. 그렇게 과거에 대해 잘 알게 되면 다가올 앞날을 더욱 알차게 계획할 수 있게 되지.

　그런데 바로 며칠 전 교실에서 일어난 일을 두고 반 친구들이 저마다 다르게 얘기한 때가 있을 거야. 만약 며칠 전이 아니라 한참 전에 일어났던 일이라면 더 말할 필요도 없겠지. 그것은 시간이 흘러 기억이 흐릿해질 수도 있고 또 그때의 상황을 저마다 다른 처지에서 바라보기 때문일 거야.

　역사도 그렇단다. 역사에서 우리에게 남겨진 것은 항상 얼마 안 되는 기록과 흔적뿐이야. 게다가 기록을 남긴 사람의 관점에 따라 다르게 기록한 경우도 많지. 그 기록을 세심하게 뜯어 살펴서 언제 무슨 일이 어떻게 일어났는지를 정확하게 재구성하는 것이 역사란다. 그래서 역사를 공부할 때는 암기력이 아니라 세심한 관찰력과 논리적인 추리력이 필요한 거야.

　이런 점에서 『키워드 한국사』에서는 과거에 일어난 특정한 사건을 놓고 그것이 왜 일어났는지, 그것이 일어날 수밖에 없는 어떤 사정이 있었는지, 그 사건에 숨어 있는 의미는 무엇인지를 논리와 추리를 최대한 동원해서 밝혀 보려고 했단다. 역사를 공부할 때는 역사적인 사실을 낱낱이 잘 아는 것보다 사건이 일어난 배경이라든가 사실들의 관계, 역사적 맥락을 이해하는 것이 더 중요하기 때문이야.

『키워드 한국사』는 권마다 30개 안팎의 키워드로 이루어져 있어. 해당 시대를 이해하는 데 꼭 필요한 역사 개념과 인물·사건·생활·문화 등 다양한 분야의 키워드가 골고루 포함되어 있단다. 말하자면 우리 역사를 알 수 있는 중요한 단서라고나 할까?

예를 들면 고려 말 왕의 칭호엔 충렬왕, 충선왕, 충혜왕처럼 '충' 자가 붙어 있어. 몽골이 세운 원나라가 고려를 사위의 나라로 삼으면서 원나라에 충성하라는 뜻에서 붙인 거야. '대몽 항쟁', '원 간섭기', '공녀', '팔만대장경', '공민왕'과 같은 키워드를 이어가 보면 고려가 어떻게 원나라의 사위 나라가 됐고, 또 어떻게 독립을 이루게 되는지 잘 알 수 있어. 더불어 원 간섭기에 원나라와 고려가 서로 어떤 문화를 주고받았는지도 알 수 있단다.

이렇게 역사의 키워드, 곧 역사의 단서들을 엮어 나가다 보면 역사의 흐름이 자연스럽게 보일 거야. 그러니까 연도나 사건, 인물 등을 달달 외울 필요는 없단다. 이 책을 읽고 우리 역사에 호기심을 갖게 되거나 또 다른 궁금증이 꼬리에 꼬리를 물고 생겨나서 우리 역사를 더 알고 싶다는 마음이 생긴다면, 그게 바로 진짜 역사 공부가 되는 거야.

이 책에 나오는 키워드를 바탕으로 너희들 스스로 새로운 역사 키워드를 더 많이 찾아내 주길 바란다.

『키워드 한국사』 글쓴이들

차 례

1 고려의 통일과 번영

키워드 01 **후삼국** 호족들이 연 지방 시대   12

키워드 02 **태조 왕건** 후삼국을 통일하다   20

키워드 ✚ **유금필** 후삼국 통일의 숨은 주역   26

키워드 03 **본관 제도** 출신지를 정해 백성을 관리하다   28

키워드 04 **훈요 10조** 태조 왕건이 내린 열 가지 교훈   32

키워드 05 **팔관회** 축제를 즐기다   36

키워드 06 **과거 제도** 시험으로 관리를 뽑다   42

키워드 07 **시무 28조** 유교 정치를 추구하다   48

키워드 08 **천추 태후** 한 여인이 지킨 사랑과 전통   52

키워드 09 **서희** 천 년 전의 외교 천재   56

키워드 10 **양규** 잊혀진 영웅   62

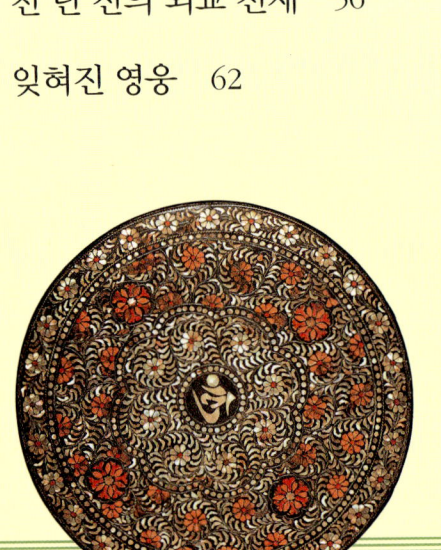

키워드 11 **귀주 대첩** 거란의 야욕을 잠재운 강감찬 68

키워드 12 **문종** 고려의 황금기를 열다 72

키워드 ✚ **사학 12도** 고려 시대에는 공부를 어떻게 했을까 76

키워드 13 **삼경** 중앙과 지방의 균형 78

키워드 14 **벽란도** '코리아'를 세계에 알리다 86

2 변화를 향한 도전

키워드 15 **해동통보** 화폐를 보급하다 94

키워드 16 **불교** 고려 사람들의 마음을 사로잡다 98

키워드 17 **동북 9성** 여진족을 정벌하다 106

키워드 18 **이자겸의 정변** 불타는 대궐 110

키워드 ✚ **처가살이** 고려의 혼인 풍습 116

키워드 19 **서경 천도 운동** 세계의 주인을 꿈꾸다 118

키워드 20 **삼국사기** 신라의 계승을 주장하다 122

키워드 ✚ **삼국유사** 설화와 역사의 만남 126

키워드 21 **무신 정변** 100년 무인 정권이 열리다 128

키워드 ✚ **동명왕편** 동명성왕을 찬미한 이규보 136

키워드 22 **수박과 격구** 우리 전통 무예의 원조 138

키워드 23 **만적의 난** 천대받는 사람들이 꿈꾼 평등한 세상 142

키워드 24 **고려청자** 세계 최고의 도자기를 만들다 148

키워드 25 **불교 정화 운동** 새로운 불교 운동 156

3 세계 속의 고려

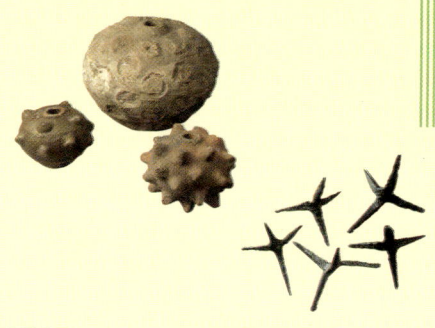

키워드 26 대몽 항쟁 자랑스러운 항쟁의 역사 162

키워드 ✛ 처인성 전투 나라를 지킨 진정한 영웅들 170

키워드 27 원 간섭기 원 간섭기의 고려는 어땠을까 172

키워드 28 공녀 공녀로 끌려간 고려 여인들 176

키워드 29 팔만대장경 인쇄 문화의 최고봉 180

키워드 30 공민왕 원나라를 몰아내다 186

키워드 ✛ 목화 목화씨 한 알에서 시작된 의복 혁명 192

키워드 31 화포 전쟁과 과학 기술의 만남 194

키워드 32 최영 고려의 마지막 영웅 198

연표 202

찾아보기 204

사진·그림 제공 및 출처 208

1 고려의 통일과 번영

2002년 월드컵 대회 때 온 국민이 '대한민국'을 목이 터져라 외쳤던 거, 기억나니? 그렇게 열심히 우리나라 축구팀을 응원한 이유는 우리가 같은 민족이라는 감정을 갖고 있기 때문이야. 그럼 언제부터 본격적으로 그런 감정을 함께 지니게 되었을까? 바로 고려의 후삼국 통일이 그런 계기를 제공했다고 볼 수 있어. 고려의 문화는 진정한 우리 문화의 원천이었어. 고조선, 부여, 삼한, 삼국, 남북국, 후삼국의 문화가 고려의 통일로 한데 어우러지게 되었단다.

키워드 01   후삼국

호족들이 연 지방 시대

신라 말기에 접어들면서 농민들이 전국에서 봉기를 일으키고, 지방 실력자인 호족이 등장해 신라의 중앙 정부에 저항했어. 여러 호족들이 서로 겨루었는데, 그중 견훤과 궁예가 주도권을 잡았지. 그리하여 신라·백제(후백제)·고려(후고구려)가 대결하는 후삼국 시대가 펼쳐졌단다. 그러면 후삼국은 어떻게 세워졌고, 호족들은 어떻게 활약했는지 살펴보자.

【 농민 봉기 속에서 등장한 호족 】

신라(통일 신라) 말기에 귀족들은 서로 왕위를 다투고 토지를 더 많이 가지려고 경쟁했어. 그러는 와중에 나라의 힘은 점점 약해졌지. 게다가 흉년까지 들어 수확이 몹시 줄어들었어. 그래서 농민들은 굶주리면서도 나라와 귀족에게 많은 세금을 내느라 무척 힘들었지. 자연히 토지를 빼앗기고 떠돌아다니거나 도둑이 되는 사람들도 늘어났어.

농민들이 이렇게 살기 어려운데도 진성 여왕은 세금을 내라고 독촉했어. 화가 난 농민들은 전국에서 벌 떼처럼 일어나 저항했단다. 9세기에 일어난 이 대대적인 농민 봉기는 백성의 힘을 보여 주었다는 점에서 의미가 큰 사건이었지.

농민 봉기로 온 나라가 혼란에 빠지자 신라의 중앙 정부는 지방을 제대로 통제할 수 없게 되었어. 이러한 상황에서 농민 봉기군을 이끌며 세력을 키운 사람들이 등장했어. 이들은 스스로 '성주' 또는 '장군'이라 일컬었는데, 자신이 차지한 영역 안에서는 마치 왕과 같은 존재였지. 이런 사람들을

'호족'이라고 한단다.

　호족은 도읍인 금성(지금의 경주)에서 지방으로 내려와 자리 잡은 사람을 비롯하여 원래 지방에서 나고 자란 사람, 지방 군사 기지의 지휘자, 해상 무역으로 재물을 모은 사람 등 출신이 다양했지. 출신 배경이 알려지지 않은 호족 중에는 평민 출신도 꽤 포함되어 있었을 거야.

　호족은 때로 세금을 지나치게 많이 거두어 농민을 괴롭히기도 했어. 그렇지만 농민들로 군대를 만들어 중앙 정부와 귀족의 횡포에 대항하는 데 중요한 역할을 하기도 했단다.

금하굴 견훤의 탄생 설화가 깃든 동굴이다. 지렁이가 살았다는 이 굴에 금빛이 서리고 풍악 소리가 울렸다고 해서 금하굴이라는 이름이 붙었다. 경상북도 문경에 있다.

【 영웅 견훤과 궁예 】

농민 봉기군을 이끈 지도자들은 여러 명이 있었어. 그중 견훤과 궁예는 나라를 세우는 데 성공했지.

견훤은 경상도 상주(지금의 문경) 가은현 출신이야. 견훤의 아버지 아자개는 농사를 짓던 농부였지만 실력을 키워 스스로 장군이라고 불렀단다. 『삼국유사』라는 역사책에는 견훤이 태어날 때의 이야기가 실려 있어.

어느 부자에게 아름다운 딸이 있었대. 하루는 딸이 머뭇거리며 아버지에게 말했어. 밤마다 웬 자줏빛 옷을 입은 남자가 나타나서 자고 간다고 말이야. 아버지는 딸에게 그 남자의 옷자락에 실을 길게 꿴 바늘을 꽂아 두라고 일렀지. 딸은 아버지가 이른 대로 하고서 이튿날 아침에 그 실을 따라가 보았어. 그랬더니 북쪽 담 아래로 실이 연결되어 있고 바늘은 커다란 지렁이에 꽂혀 있는 거야. 그 뒤 딸이 사내아이를 낳았는데, 그 아이가 바로 견훤이었다는구나.

　이러한 신비한 설화는 견훤이 대단한 괴력을 지닌 영웅이었기 때문에 생겨났다고 볼 수 있어. 견훤은 우람한 체격에 용모가 기이하고 뜻과 기운이 빼어났다고 해.

　성장한 견훤은 군대에 들어가 신라의 도읍 금성에서 근무하다가 서남해 지역의 방어 부대로 발령을 받아 갔어. 용맹스러운 견훤은 전투가 벌어질 때마다 앞장서서 돌격하여 공로를 많이 세운 덕분에 부사령관 자리에 올랐단다.

　궁예는 신라 왕과 궁녀 사이에서 태어났어. 궁예는 무지갯빛 속에서 태어났는데, 날 때부터 이가 돋아나 있었다고 해. 그런데 왕은 이렇게 태어난 아기는 장차 나라에 해롭다는 말을 들었어. 그래서 신하를 보내 아기를 죽이려 했단다. 왕의 명을 받은 신하는 아기를 죽이려고 누각 위에서 던졌는데, 마침 밑에 있던 유모가 받았대. 그때 아기는 유모의 손가락에 한쪽 눈을 찔려 애꾸가 되어 버렸어. 유모는 아기를 안고 도망가서 숨어 살았지.

칠장사　궁예가 13세까지 활쏘기와 무예를 연마했다고 전해지는 절로, 궁예가 활쏘기를 했다는 활터가 지금도 남아 있다. 궁예라는 이름도 '활 잘 쏘는 사람의 후예'라는 뜻이다. 경기도 안성에 있다.

아기는 애꾸라 놀림을 받으면서도 무럭무럭 자랐어. 그런데 궁예는 열 살이 되어도 나가 놀기만 좋아했어. 궁예의 신분이 탄로 날까 봐 걱정하던 유모는 궁예에게 출생의 비밀을 말해 주었지. 그 말을 들은 궁예는 울면서 집을 떠나 승려가 되었는데 계율을 잘 지키지는 않았대. 훤칠한 키에 이목구비가 뚜렷하고 담력이 컸던 궁예는 어느 날 까마귀가 물어다 그릇에 떨어뜨린 물건에 '왕(王)' 자가 새겨진 것을 보고 왕이 될 마음을 품었다는구나.

【 후삼국이 항쟁하다 】

농민 봉기가 온 나라를 휩쓸자, 견훤과 궁예는 이 틈을 타 왕이 되겠다는 꿈을 꾸었어. 견훤이 부하들을 이끌고 지금의 전라도 쪽으로 진격하자 그곳의 많은 사람들이 따랐지. 견훤은 무진주(지금의 전라남도 광주)를 차지하고 스

견훤산성 경상북도 상주군 화북면 장암리에 있는 산성으로, 상주 출신의 신라 군인이었던 견훤이 쌓았다고 전해진다. 견훤은 이곳에서 경주로 향하는 공납물을 거두어들였다고 한다.

스로 왕이라고 불렀어. 견훤이 다시 완산주(지금의 전주)로 진격하니 주민들이 크게 환영하며 맞이했다는구나.

그런데 사람들은 왜 자기들을 지배하려는 견훤을 환영했을까? 그 까닭은 바로 옛 백제 땅에 살고 있는 사람들이 신라의 통치를 못마땅하게 생각해 왔기 때문이야. 이 사실을 잘 알고 있던 견훤은 옛 백제 사람들의 인심을 얻기 위해 이렇게 외쳤어.

"당 고종이 신라의 요청을 받아 13만 대군을 보냈고, 김유신이 당나라 군대와 연합하여 백제를 공격해 멸망시켰소. 그러니 지금 내가 완산주를 도읍으로 삼아 의자왕의 울분을 갚으려 하오!"

〔후삼국의 영역〕

900년, 드디어 견훤은 '백제'를 건국하고 정식으로 왕이 되었지. 나라 이름을 백제라고 한 것은 옛 백제 사람들의 마음을 얻기 위해서였어. 후대 사람들은 견훤의 백제를 이전의 백제와 구분하기 위해 '후백제'라고 했단다.

한편 궁예는 891년에 죽주(지금의 안성)의 봉기군 우두머리인 기훤 아래로 들어갔지만 좋은 대우를 받지 못했어. 울분을 느낀 궁예는 몇몇 동지들과 함께 북원(지금의 원주)의 봉기군 우두머리 양길에게 몸을 맡겼단다. 양길은 궁예를 잘 대우하고 중요한 일을 맡겼어. 그리고 자기 군대를 나누어 이끌게 하면서 오늘날의 강원도 쪽을 공략하라고 명령했어.

궁예는 군대를 거느리고 동쪽으로 진격해 명주(지금의 강릉)를 점령했어. 궁예는 힘들 때나 편할 때나 늘 군졸들과 함께했고, 상이나 벌을 줄 때도 공정하게 했어. 그러자 사람들은 궁예를 두려워하면서도 존경했다고 해. 궁예가 북쪽으로 진격해 평양 일대까지 세력을 떨치자 예성강 유역의 호족이 잇따라 항복했어. 이때 송악(지금의 개성)의 호족인 용건도 아들 왕건을 데리고 궁예의 부하가 되었지. 그 뒤 궁예는 자신이 모셨던 양길과도 전쟁을 벌여 승리했어. 이렇게 해서 드디어 궁예는 901년 송악에 도읍을 정하고 왕위에 올라 '고려'를 세웠단다. 궁예는 나라를 세우면서 이렇게 말했어.

"옛적에 신라가 당나라에 군대를 요청해 고구려를 격파했기 때문에 평양이 폐허가 되었소. 내가 반드시 그 복수를 할 것이오!"

궁예는 고구려를 위해 복수한다는 명분을 내걸고 나라를 세웠어. 궁예가 세운 나라를 후대 사람들은 '후고구려'라고 부를 때가 많지만 '고려'가 정확해. 사실 고려라는 명칭은 고구려 시대에도 널리 쓰인 나라 이름이었어. 고려는 곧 고구려를 가리키는 말이었거든. 궁예가 나라 이름을 고려로 정한 까닭은 자기가 차지한 지역에 옛 고구려 사람들이 많이 살고 있어서 그들의 지지를 받기 위해서였어. 궁예도 견훤과 비슷한 방법을 쓴 거지.

강원도 철원 일대 904년 궁예는 국호를 '마진'으로 고치고, 이듬해 송악에서 철원으로 도읍을 옮겼다. 그 뒤 철원을 근거지로 하여 강원도·경기도·황해도 대부분과 평안도·충청도 일부를 점령함으로써 신라와 후백제보다 더 큰 세력을 형성했다.

이렇게 견훤의 백제, 궁예의 고려가 세워지면서 신라와 함께 후삼국 시대가 펼쳐졌어. 신라는 백제와 고려에 점점 영토를 빼앗겨 경상도 지역만 겨우 다스리게 되었고, 그나마 그 지역을 지키기에도 힘이 부쳤지. 그 틈을 타 백제와 고려는 서로 영역을 넓히려고 치열하게 겨루었어.

하지만 이때 신라는 물론 백제와 고려도 왕권이 강하지 못했기 때문에 지방 곳곳에는 여전히 다른 호족들의 독자적인 영역이 있었어. 세 나라 가운데 어느 왕이든 다른 호족들의 도움을 얻어야 정권을 유지할 수 있었던 거지. 후삼국의 항쟁에서 누가 호족의 지지를 많이 얻는가가 주도권을 쥐는 열쇠였던 셈이야.

이처럼 후삼국 시대는 신라의 왕과 귀족의 힘이 약해지고 지방 세력이 힘을 얻어 서로 경쟁하는 시기였어. 그래서 이 시기를 '호족들이 연 지방 시대'라고 할 수 있단다.

키워드 02 태조 왕건

후삼국을 통일하다

지금 우리 민족은 안타깝게도 남과 북으로 갈라져 있지. 이러한 분단을 끝내고 평화적으로 통일을 이루어 내는 사람이 나온다면 틀림없이 영웅으로 존경받을 거야. 우리 역사를 보면 통일을 이루어 새 나라를 세운 영웅이 나온단다. 후삼국으로 갈라진 우리나라를 통일해서 새 시대를 연 사람은 바로 태조 왕건이야.

【 노력으로 왕이 된 사람 】

왕건의 고향은 송악이야. 왕건이 태어나기 전 승려 도선이 송악에 들렀을 때, "지금부터 2년 뒤에 반드시 고귀한 사람이 태어날 것이다."라고 예언했다는 이야기가 있어. 그렇지만 이 말을 곧이곧대로 믿기는 힘들어. 왕건과 후계자들이 풍수지리의 원조로 유명한 도선 대사를 끌어들여 자기들을 훌륭하게 보이도록 이용했다고 봐야 하거든. 풍수지리란 땅의 기운이 사람에게 영향을 끼친다는 사상을 말해.

왕건의 할아버지는 작제건이고, 아버지는 용건이었어. 이들은 송악의 지배자였지만 성은 없고 이름만 있었어. 왕건이 왕위에 오른 다음에야 자기 이름의 앞 글자를 따서 성을 '왕'씨라고 한 거란다. 통일 신라 때까지만 해도 귀족이 되어야 성을 지녔는데, 왕건 집안은 도읍에서 멀리 떨어진 지방의 호족에 지나지

고려 태조상 개성에 있는 왕건의 무덤에서 출토된 청동상이다.

않았거든. 왕건 집안은 서해에서 해상 무역을 하면서 재산을 쌓고 자기들의 터전인 송악을 지배하면서 세력을 넓혀 갔어. 작제건이 서해 용왕의 딸 용녀와 혼인해 용건을 낳았다는 설화는 그런 배경에서 생겨난 거야. 왕건은 태어날 때부터 왕이 될 운명은 아니었어. 그보다는 자신의 노력으로 운명을 개척한 사람이었지.

【 고구려를 계승하다 】

'태조 왕건' 하면 사람들은 고려를 건국한 인물로 떠올리지. 그런데 정말 왕건이 고려를 건국한 걸까?

아니야. 고려는 궁예가 세웠어. 세력을 떨치게 된 궁예는 송악과 가까운 예성강·한강 지역까지 진격했어. 놀란 용건은 스무 살 된 아들 왕건을 데리고 궁예에게 송악을 바치며 신하가 되었지. 궁예는 송악에 도읍을 정하고 고구려 부흥을 외치며 '고려'를 세웠어. 그리하여 견훤의 백제, 경상도 지역으로 쪼그라든 신라와 함께 후삼국을 이루게 되었지.

궁예 밑에서 장군이 된 왕건은 궁예의 명령을 받들어 육지와 바다를 가리지 않고 전투에 참가했어. 그때마다 왕건은 빛나는 승리를 거두어 높은 관직에 올랐단다.

궁예는 나라 이름을 '마진'으로 바꾸고 도읍을 송악에서 철원으로 옮긴 뒤, 나라 이름을 다시 '태봉'으로 바꾸었어. 왜냐하면 송악과 예성강 일대는 옛 고구려 사람들의 세력이 강한 곳이었는데, 궁예는 신라 왕실 출신이어서 그곳 사람들을 다스리는 데 어려움이 많았거든. 그래서 도읍을 철원으로 옮기면서 자신의 권력을 더 키우려고 했던 거야. 그런데 시중(오늘날의 국무총리)에 오른 왕건을 비롯해 옛 고구려 사람들은 고구려 계승을 상징하는 국호인 '고려'를 버리고 자신들의 세력을 약화시키려는 궁예의 행동에 분노했어.

궁예는 자신이 미륵부처이며 상대방의 마음을 읽는 '관심법'을 익혔다고 주장했어. 이는 궁예에게 반대하는 사람들이 많았고 그가 남을 믿지 못할 만큼 의심이 깊어졌다는 사실을 말해 준단다. 궁예는 왕건이 반란을 일으킬지도 모른다고 의심하기에 이르렀어. 그러다가 궁예와 반대 세력의 갈등은 점점 깊어져 마침내 정변이 일어나게 되었지.

『고려사』라는 역사책에는 신숭겸을 비롯한 장군들이 몰래 정변을 모의하고는 왕건을 찾아가, 궁예왕이 폭정을 일삼고 있으니 왕건에게 지도자가 되어 주기를 요청했다고 쓰여 있지. 왕건은 신하로서 임금을 칠 수 없다며 거절했지만 장군들이 왕건을 억지로 떠밀어 왕으로 모시고 정변을 일으켰다고 해. 하지만 이 이야기를 곧이곧대로 믿기는 어려워. 이 정변은 궁예에게 의심을 받아 오던 군사 실력자 왕건이 이끌었다고 봐야 해. 비참한 최후를 맞은 궁예에 대해 좋지 않게 쓴 내용도 크게 부풀린 면이 있어. 궁예도 병사들과 고생을 함께하며 후삼국을 이끌었던 영웅 가운데 하나였거든.

철원 명성산 왕건에게 쫓겨난 궁예가 마지막으로 진을 치고 싸우다가 죽은 곳이다. 궁예가 자신의 처지를 한탄하며 통곡하자 산도 따라 울었다고 해서 붙여진 이름으로 '울음산'이라고도 한다.

궁예가 몰락한 가장 큰 원인은 옛 고구려 사람들과 화합하지 못했기 때문이야. 왕건은 옛 고구려 사람의 한 명으로서 그들의 지지를 받아 918년에 궁예를 몰아냈어. 그런 다음 나라 이름을 원래대로 고려라 하고, 도읍을 송악으로 되돌려 놓았지. 이때부터 송악을 개경이라고 고쳐 불렀어. 개경은 나중에 개성으로 이름이 또 바뀐단다. 왕건은 궁예가 버렸던 고려라는 이름을 되찾고 고구려의 도읍이었던 평양을 두 번째 도읍으로 삼아 서경이라고 했어. 이렇게 함으로써 고려가 고구려를 계승한 나라라는 뜻을 분명히 한 거지. 이처럼 고구려를 잇는다는 정신은 왕건의 추진력과 성공의 밑거름이었단다.

【 어떻게 후삼국을 통일할 수 있었을까 】

궁예를 몰아내고 왕위에 오른 왕건은 처음에는 후백제의 견훤에게 밀렸지. 왕건은 세력을 키우기 위해 겸손하게 자신을 낮추고 신하와 호족들에게 선물을 주면서 잘 달랬어. 또 세력이 큰 호족들의 딸과 혼인해 그들을 자기편으로 만들었지. 그러다 보니 왕건의 정식 아내는 30명쯤 되었고, 자녀도 왕자가 25명, 공주가 9명이나 되었어. 이렇게 해서 왕건은 많은 호족을 자기편으로 끌어들이는 데 성공했단다.

왕건과 달리 궁예는 힘으로 호족을 억누르려고 했어. 견훤은 호족을 끌어들이는 정책을 펴기는 했지만 큰 노력을 기울이지 않았지. 궁예와 견훤은 자만에 빠졌던 거야. 반면 왕건은 불리한 상황에서 출발했기 때문에 절박한 심정이었어. 그래서 상황을 뒤집으려면 자신을 낮추어서라도 지역 사회를 지배하는 호족들을 자기편으로 많이 끌어들여야만 한다는 사실을 잘 알고 있었어. 왕건은 또 여론을 이끄는 승려와 유학자를 잘 대우하고, 세금을 낮춰 줌으로써 백성들의 마음도 얻었어.

견훤은 북쪽의 고려로 진격하는 대신 동쪽의 신라를 주로 공격했어. 신라의 도읍을 약탈해 경애왕을 죽이고 경순왕을 앉혔지. 그러자 왕건은 신라를 구하기 위해 군대를 이끌고 달려왔어. 대구 공산(지금의 팔공산)에서 전투가 벌어졌는데 왕건은 견훤에게 크게 졌어. 신숭겸 장군이 왕건 복장을 하고 지휘하다가 전사했고, 그 덕분에 왕건은 도망쳐 겨우 목숨을 구했단다. 하지만 진정한 승리자는 왕건이었어. 왜냐하면 왕건은 이때 신라 사람들의 마음을 얻었기 때문이야. 이후 왕건과 견훤의 군대가 고창(지금의 안동)에서 전투를 벌일 때에도 이곳 사람들의 적극적인 도움을 받아 왕건의 군대가 큰 승리를 거두었단다.

그 뒤 후백제는 빠르게 기울기 시작하더니 운주(지금의 충청남도 홍성) 전투에서 크게 패했지. 게다가 왕위 계승 문제로 내분까지 일어나자 궁지에 몰린 견훤은 왕건에게 항복하고 말았단다. 상황이 이렇게 되자 신라의 경순왕도 왕건에게 나라를 바쳤어. 백제는 견훤의 아들 신검이 왕이 되어 다시 일어나려고 했지만, 선산에서 벌어진 일리천 전투에서 크게 지는 바람에 결국 망하고 말았지.

이렇게 해서 936년 왕건은 예순의 나이로 후삼국을 통일했어. 왕건은 고구려를 계승한 발해가 926년 거란에 망하자 발해 유민들을 거두어들여 통일 전쟁에 참

김제 금산사 견훤이 맏아들 신검을 제치고 넷째 아들 금강에게 왕위를 물려주려 하자, 신검이 견훤을 금산사에 가두고 금강을 죽인 뒤 왕위에 올랐다. 견훤은 3개월 뒤 금산사를 탈출해 고려의 왕건에게 항복했다.

여시켰어. 여진족 부대를 활용하기도 했지. 하지만 강한 외국 군대를 통일 전쟁에 끌어들이지는 않았어. 이런 점들이 당나라 군대를 끌어들인 신라의 삼국 통일과는 달랐단다.

사람들은 흔히 왕건이 후삼국을 통일할 수 있었던 이유는 왕건에게 덕이 많았기 때문이라고들 해. 하지만 단지 덕이 많다는 이유만으로 후삼국을 통일할 수 있었을까? 그보다는 자신을 낮추는 겸손함, 사람들을 끌어들이는 포용력, 실패를 두려워하지 않는 모험심, 치밀한 준비와 멀리 내다보는 전략에서 그 비결을 찾을 수 있단다.

하지만 왕건 개인에게만 공로를 돌려서는 안 돼. 유금필, 박수경, 신숭겸 등 여러 장수들도 큰 역할을 했거든. 특히 유금필 장군의 활약이 눈부셨어. 물론 군사가 되어 싸운 이름 모를 백성들의 희생도 잊어서는 안 되겠지.

개태사지 금동 대탑과 가마솥 개태사는 왕건이 후백제를 멸망시킨 기념으로 지금의 충청남도 논산에 세운 절이다. 절에서 실제로 사용했다는 가마솥의 크기로 미루어 보아 절의 규모가 매우 컸음을 짐작할 수 있다.
이 절에서 출토된 것으로 전하는 금동 대탑도 높이가 155센티미터나 된다. 건물 안에 모셔 두기 위해 만든 탑으로서는 규모가 크다. 국보 213호.

키워드＋ 유금필

후삼국 통일의 숨은 주역

후삼국 시대라고 하면 우리는 보통 견훤, 궁예, 왕건을 떠올리지. 이 사람들은 분명 위대한 왕들이야. 그렇다고 너무 왕들에게만 눈길을 주는 건 공평하지 않은 것 같구나. 만약 훌륭한 장수들이 없었다면 그 왕들도 성공하지 못했을 테니까 말이야. 후삼국을 통일한 왕건에게도 훌륭한 장수가 있었으니, 바로 고려 최고의 장수 가운데 한 사람인 유금필(또는 유검필)이란다.

유금필은 후삼국 통일 전쟁에서 동서남북을 가리지 않고 싸우러 나가는 곳마다 승리를 거두었어. 그는 초반에 여진족을 물리치면서 공을 세웠어. 여진족이 고려의 북쪽 국경을 자주 침범하자, 유금필은 왕건의 명령을 받아 군대를 이끌고 출정했어. 유금필은 꾀를 써서 여진족 추장 300여 명을 사로잡아 많은 여진족의 항복을 받아 냈지. 큰 공을 세운 유금필은 대장군으로 승진했고, 충청도와 경상도에서도 승리를 이어 갔어.

고려가 통일의 대세를 장악한 전투는 고창 전투였어. 고창은 지금의 경상북도 안동이야. 견훤의 백제군이 고려와 신라를 잇는 중요한 길목이었던 고창을 포위하자 왕건이 이끄는 고려군이 구원하러 갔는데, 이때 유금필도 참여했어. 고려와 백제의 운명을 가른 이 중대한 전투에서 유금필의 활약이 가장 눈부셨단다. 고창 전투에서 큰 승리를 거둔 고려는 통일의 대세를 장악한 반면, 백제는 쇠퇴의 길을 걸었지.

유금필에게도 위기는 있었어. 유금필이 전쟁 영웅으로 떠오르자 그를 시기해 견제하는 사람들이 생겨났거든. 결국 유금필은 모함을 받아 곡도(지금의 백령도)로 귀양 갔어. 그런데 그

유금필 사당 유금필은 원래 평주 사람인데 그의 사당은 부여의 성흥산성에 세워졌다. 유금필이 후백제의 견훤과 싸우던 중 이곳에 사는 백성들에게 선정을 베풀어 백성들이 그 은덕을 기리기 위해 세웠다고 한다.

무렵 마침 후백제의 해군이 곡도에서 가까운 대우도라는 섬을 침략하자 고려의 해군이 맞섰지만 이기지 못했어. 귀양 중인 유금필이 돌아와 전함을 이끌고 나서자 비로소 고려군은 위기에서 벗어날 수 있었지.

이 공로로 귀양살이에서 풀려난 유금필은 대장군이 되어 경상도에 주둔했어. 그 뒤 유금필이 활약한 전투 덕분에 고려는 신라로 가는 길을 뚫었고, 후백제의 30여 개 성을 빼앗았으며, 왕건이 점령했던 나주 지역을 지킬 수 있었단다.

한편 이 무렵 후백제에서는 견훤을 이어 아들 신검이 왕이 되었어. 신검이 이끄는 후백제군과의 마지막 전투가 936년 일리천(지금의 경상북도 선산)에서 벌어졌는데, 유금필은 여진의 여러 부족으로 구성된 기병 9,500명을 지휘해 큰 공로를 세웠어. 유금필의 영향력 아래에 있던 여진족이 고려의 통일 전쟁에 큰 기여를 한 거야.

일리천 전투의 승리에 힘입어 고려는 비로소 백제를 멸망시키고 후삼국을 통일할 수 있었어. 이렇게 해서 고려와 후백제의 치열했던 전쟁이 비로소 끝났지.

통일 왕조 고려를 세우는 데서 중요한 고비마다 큰 공을 세운 유금필은 942년에 세상을 떠났어. 용감하고 슬기로운 장수 유금필이 없었다면 태조 왕건은 후삼국을 통일하지 못했을지도 몰라. 유금필은 『삼국지』의 관우에 견주어도 전혀 손색이 없는 영웅으로, 후삼국 통일의 진정한 주인공이라고 할 수 있어.

〔유금필의 활약〕

키워드 03 　본관 제도

출신지를 정해 백성을 관리하다

우리는 누구나 성씨를 갖고 있어. 김·이·박처럼 흔한 성씨도 있고, 황보·선우·남궁처럼 드문 성씨도 있지. 그런데 김씨라고 해서 다 같은 김씨는 아니야. 김해 김씨도 있고, 경주 김씨도 있고, 광산 김씨도 있어. 이처럼 성에는 각각 그 성씨가 유래한 지역이 정해져 있는데, 그것을 '본관'이라고 해. 이 같은 성씨와 본관은 언제, 왜 생긴 걸까?

【 본관이 생긴 이유 】

신라 말기에 농민 봉기가 전국을 휩쓸고 후삼국 간의 전쟁이 오랫동안 이어지면서 많은 사람들이 고향을 등지고 떠돌다가 새로운 고을에 정착하기도 했어. 이렇게 사람들의 이동이 잦으면 정부에서 그 수를 파악하고 통제하기가 어려워져. 백성들한테서 제때 세금을 걷고 일을 시켜야 하는 국가로서는 그냥 두고 볼 수 없는 일이었지. 그래서 태조 왕건은 후삼국 통일 전쟁을 치르면서 사람들을 특정 고을과 묶어서 파악하기 시작했어. 통일을 이룬 뒤에는 이것을 전국적으로 시행해 제도로 정착시켰지. 이것이 바로 '본관 제도'란다.

이리하여 고려 사람들은 모두 '어디 사람'으로 구분되었어. 예를 들면 후삼국 통일 전쟁의 장수인 박수경은 평주(지금의 평산) 사람, 고려 중기에 여진족을 정벌한 윤관은 파평(지금의 파주) 사람 하는 식이었지.

본관은 대개 사람들이 당시 살고 있는 고을로 정했는데, 왕이 골라 준 경우도 더러 있었어. 왕건과 함께 통일 전쟁을 이끈 장수 신숭겸은 원래 춘주

본관 고려 시대의 본관은 신분을 나타내는 증표였기 때문에 본관이 어디냐에 따라 다른 대우를 받았다. 일반 행정 구역인 군현에 사는 사람이 속현에 사는 사람보다 높은 대우를 받았고, 향·소·부곡 등 특수 행정 구역에 사는 사람들은 가장 심한 차별 대우를 받았다.

〔본관과 성씨〕

- 평양 : 묘청·정지상
- 평주(평산) : 신숭겸·유금필·박수경
- 파평(파주) : 윤관
- 해주 : 최충
- 인주(인천) : 이자겸
- 이천 : 서희
- 금주(시흥) : 강감찬
- 여주 : 이규보
- 안동 : 권행·김선평
- 전주 : 이성계·이의방
- 밀양 : 박의중·박위
- 경주 : 김부식·최승로
- 김해 : 김보
- 나주 : 오다련
- 강주(진주) : 강민첨

(지금의 춘천)에 사는 사람이었지만, 태조 왕건이 '신'이라는 성을 내리고 평주를 본관으로 정해 주었단다.

여기에 얽힌 이야기가 있어. 왕건이 평주 삼탄으로 사냥을 나갔을 때야. 왕건이 점심을 먹다가 기러기 세 마리가 날아가는 것을 보고 누가 쏘겠냐고 물었어. 신숭겸이 자기가 쏘겠다고 나서면서 왕건에게 여쭈었지.

"몇 번째 기러기를 쏠까요?"

왕건이 웃으며 말했어.

"세 번째 기러기의 왼쪽 날개를 쏘아라."

신숭겸이 활을 쏘았는데, 과연 왕건이 시킨 대로 세 번째 기러기의 왼쪽 날개를 맞힌 거야. 그래서 태조 왕건이 감탄하면서 신숭겸에게 평주를 본관으로 내려 주었다는구나.

본관 제도

표충단 대구 공산 전투에서 왕건을 구하기 위해 왕건과 옷을 바꾸어 입고 싸우다가 전사한 신숭겸의 피 묻은 옷과 흙 등을 수습하여 쌓은 단이다. 표충단 옆에 심어진 나무는 400년 된 배롱나무인데, 후세 사람들이 신숭겸의 충절을 기려 '신숭겸 나무'라 일컫는다.

【 모든 사람이 갖게 된 성씨 】

본관과 함께 생긴 것이 바로 '성'이야. 통일 신라 시대까지만 해도 성은 김춘추, 김유신 같은 일부 귀족 신분만 가질 수 있었고 일반 백성은 대부분 이름만 있었어. 이를테면 왕건의 아버지는 이름이 용건이고, 할아버지는 작제건이었지. 아들, 아버지, 할아버지 이름 첫 글자가 모두 다르지? 송악의 호족인 왕건 집안조차도 성이 없었던 거야. 그래서 왕건은 실력자로 떠오른 뒤 자기 이름의 앞 글자 '왕'을 성으로 하고, 아버지 용건에게 '왕륭'이라는 성과 이름을 지어 올렸어.

이렇듯 후삼국 시대를 거치면서 지체 높은 사람들은 성을 쓰게 되었고 왕이 성을 하사하기도 했어. 특히 태조 왕건은 사람들에게 본관을 주어 정착시키면서 각 고을의 지배 집단에게 성을 정해 주었지. 이리하여 점차 성을 널리 쓰게 되었고 일반 백성들도 대부분 성을 갖게 되었어. 단, 노비는 성이 없는 경우가 많았단다.

청동 도장
충청북도 지역에서 발견된 고려 시대의 청동 도장. 지방 세력가의 것으로 추측된다.

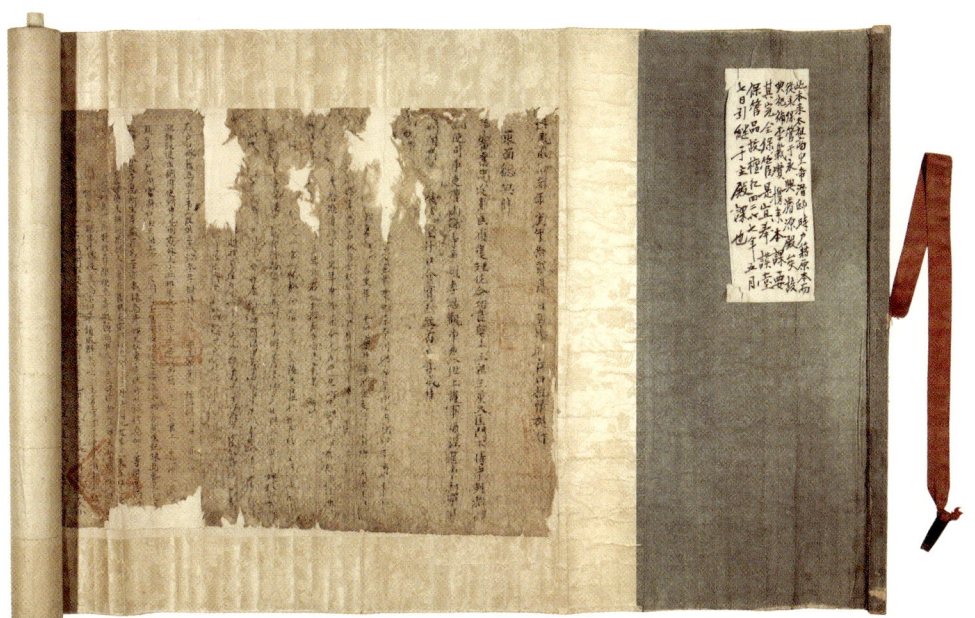

이성계의 호적 1390년 이성계의 고향인 함경도 영흥에서 작성된 호적으로, 이성계의 관직과 녹봉은 물론 가족들 이름과 노비까지 기록되어 있다. 이 호적에는 이성계의 본관이 전주 이씨로 나오는데, 이것은 이성계의 조상이 전주에서 살았기 때문이다.

【 본관이 어디요? 】

고려 후기로 가면서 사람들의 이동이 다시 많아졌어. 그래서 자기 본관과 실제로 사는 곳이 다른 경우가 많이 생겼지. 그러다 보니 본관은 원래 뜻에서 멀어져 오늘날에는 옛날 조상이 살던 지역 정도로 생각하게 되었단다. 그래도 나이 많은 어른들은 서로 만나면 여전히 "본관이 어디요?" 하고 물어볼 때가 많지. 왜냐하면 본관은 고려 시대부터 오랫동안 그 사람이 어디에 사는 어떤 사람인지를 알려 주었기 때문이야.

키워드 04 훈요 10조

태조 왕건이 내린 열 가지 교훈

고려를 세운 태조 왕건은 자기 뒤를 이을 왕에게 열 가지 교훈을 남겼어. 이것이 바로 그 유명한 '훈요 10조'야. 여호와 신이 모세에게 내린 십계명이 떠오르지 않니? 왕조 시대에 왕조 창시자의 가르침은 오늘날의 헌법처럼 매우 중요한 의미가 있었는데, 태조 왕건의 훈요 10조도 마찬가지였어. 그럼 고려의 왕들이 그토록 중요하게 받든 왕건의 교훈은 어떤 것이었을까?

【 왕만 볼 수 있었던 비밀스런 유언 】

태조 왕건은 왕이 된 지 26년째 되는 해 4월에 친히 '훈요'를 내렸어. 자기가 왕위에 올라 어렵게 후삼국을 통일한 일을 떠올리면서, 후계자가 나라의 기강을 제 마음대로 무너뜨릴 것을 염려해 훈계하는 글을 지은 거야. 자기 뒤를 이을 왕들이 매일 아침저녁으로 훈요를 보면서 영원히 거울로 삼기를 바랐지.

　모두 10조목으로 이루어진 훈요 10조는 태조 왕건이 죽기 한 달 전에 내린 것이니까 왕건의 유언으로 봐도 돼. 훈요는 장수 박술희를 통해 2대 혜종에게 전달되고, 그 뒤 역대 왕들에게 전해졌어.

　훈요는 원래 왕들만 보는 비밀 문서였어. 그런데 거란족의 침략으로 도읍 개경이 함락당할 때 사라졌다가 한 신하가 발견해서 공개되었지. 그 뒤로 훈요 10조는 왕뿐만 아니라 신하들이 정책을 세울 때에도 나침반 같은 구실을 하게 되었단다.

　자, 그러면 훈요의 10조목을 간추려서 살펴볼까?

《훈요 10조》

1 고려의 건국과 후삼국 통일은 부처님의 도움으로 이루어졌다. 그에 보답하고자 선종 사원과 교종 사원을 세웠으니 여러 종파가 다투지 못하게 하라.

2 사원은 승려 도선이 정한 곳에 세웠으니 다른 곳에 함부로 짓지 마라.

3 왕위는 원자(왕의 맏아들)에게 물려주는 것을 원칙으로 한다. 그러나 원자가 못나면 다른 아들에게 물려주고, 그도 못나면 왕의 형제 중에서 추대받은 자에게 물려주어라.

4 중국의 문물을 따르는 것은 좋지만 우리와는 풍토와 인성이 다르니 꼭 같게 할 필요는 없다. 거란은 짐승과 같은 나라이니 복식과 제도를 본받지 마라.

5 산천의 도움에 힘입어 고려를 세우고 통일을 이루었다. 서경은 수덕(물의 덕)이 순조로워 땅 형세의 근본이므로, 계절의 중간 달마다 행차하여 1년에 100일 이상 머무르도록 하라.

6 연등회는 부처님을, 팔관회는 하느님과 산천의 신과 용신을 섬기는 행사인데, 이것을 원칙대로 행하라.

7 비판에 귀를 기울이고, 노동력 동원과 세금 징수를 가볍게 하며, 상과 벌을 올바르게 행하라.

8 차현(지금의 차령) 이남과 공주강(지금의 금강) 밖은 산의 생김새와 땅의 형세가 모두 반대 방향으로 뻗어서 인심도 그러하므로, 그곳 출신은 천민이 아닌 양민이라도 뽑아 쓰지 마라.

9 모든 벼슬아치들에게 녹봉(관리에게 일한 대가로 주는 곡식이나 돈)을 적당하게 지급하고 병사를 잘 대우하라.

10 『서경』의 「무일」 편을 써서 걸어 놓아 드나들 때마다 보면서 반성하라.

【어떤 의미가 담겼을까】

첫째와 둘째, 여섯째는 불교를 매우 중요하게 여기는 내용을 담았어. 특히 첫째 조목에서는 고려가 건국된 공을 부처님에게 돌렸어. 이것은 고려의 이념이나 정책의 바탕이 불교라는 것을 나타낸단다. 하지만 왕건은 이렇게 불교 숭배를 강조하면서도 절이 마구잡이로 들어서거나 종파 간의 갈등이 일어나는 것은 경계했어.

넷째, 일곱째, 열째 조목에서는 유교에 따른 통치 방법을 말했지. 열째 조목에 나오는 『서경』은 중국의 고전인데, 그중 「무일」편은 임금이 나랏일을 하는 데 힘쓰라는 내용을 담고 있어. 여기서 무일(無逸)이란 편안하지 않은 상태를 말해. 무릇 임금이란 나랏일을 하는 데 늘 애써야지, 편안하고 한가로운 상태에 빠지면 안 된다는 내용이야.

셋째 조목은 왕위 계승에 관한 내용인데, 이 조목을 두고 논란이 많았어. 이 조목 때문인지 고려에는 아버지와 아들끼리가 아닌 형제끼리 왕위를 계승한 적도 자주 있었지. 그래서 왕위의 형제 계승을 주장하며 정변을 일으키는 일도 생겼단다.

둘째와 다섯째와 여덟째 조목은 풍수지리설을 중요하게 여기는 내용을 담았어. 풍수지리설은 후삼국 시대에 널리 퍼지고 고려 시대에 꽃을 활짝 피워 오늘날에도 유행하고 있단다.

숭의전 내부 숭의전은 조선 시대에 고려 태조를 비롯하여 현종, 문종, 원종 등 네 왕의 위패를 모시고 제사를 지내던 사당이다. 정면에 태조 왕건의 위패와 영정이 보인다.

고려 태조 왕건의 무덤 현릉 개성 서쪽 만수산 기슭에 자리 잡고 있으며, 첫째 왕후인 신혜 왕후와 함께 묻은 합장릉이다. 여러 차례의 전란으로 손상된 것을 1993년에 크게 보수했다.

다섯째 조목에서 왕이 고구려의 도읍이었던 서경에 행차해 머무를 것을 강조한 데에는 고구려 계승 의식이 드러나 있단다.

여덟째 조목에서는 차령산맥과 금강 이남 사람들을 관리로 뽑지 말라고 당부했는데, 이것은 호남 지역을 차별하기 시작한 근원이 되었다는 비난을 받기도 해. 어떤 사람은 왕건처럼 마음이 넓은 인물이 정말 그런 명령을 내렸을까 의문을 제기하면서 왕건이 죽은 뒤에 꾸며진 얘기라고 주장하기도 했어. 이 조항은 왕건이 자신에게 끝까지 저항했던 백제(후백제) 사람들을 관직에서 제외하려고 했다는 사실을 알려 주지. 하지만 나중의 왕들은 이 조목을 잘 지키지 않아 그 지역 출신들을 차츰 등용한단다.

훈요 10조에는 고려의 문화와 정치에 관한 많은 내용이 담겨 있어. 왕건의 뒤를 이은 왕과 신하들은 대체로 이를 잘 지켰지만, 때로는 현실에 맞지 않아 고치려 하면서 갈등이 빚어지기도 했어.

키워드 05 | 팔관회

축제를 즐기다

중국의 어떤 역사책에는 우리나라 사람들이 춤과 노래를 즐기며 잘 논다고 기록되어 있어. 고구려의 동맹, 부여의 영고 같은 제천 행사를 보면 그렇게 기록할 만하지. 고려 시대에도 온 나라 사람들이 남녀노소 가리지 않고 한바탕 신나게 노는 축제가 있었는데, 대표적인 것이 팔관회와 연등회였어.

【 우리 민속 신앙과 불교가 만난 팔관회 】

예부터 불교에는 여덟 가지 계율을 지키는 종교 행사가 있었어. 이것이 고구려의 동맹제와 결합해서 팔관회가 된 거야. 태조 왕건이 내린 훈요 10조에는 팔관회가 하느님, 산신, 물의 신, 용신을 섬기는 행사라는 내용이 나와. 그러니까 팔관회는 우리 고유의 민속 신앙과 불교 신앙이 합쳐진 행사라고 할 수 있지. 그 뒤 팔관회는 신라에 전파되었고, 후삼국 시절 궁예가 세운 태봉에서 치러지다가 고려로 이어졌어.

고려의 팔관회는 서경(지금의 평양)과 개경(지금의 개성)에서 각각 이틀 동안 열렸어. 서경에서는 음력 10월 14일과 15일에, 개경에서는 음력 11월 14일과 15일에 열렸는데, 14일은 '소회(작은 행사)'라 했고, 15일은 '대회(큰 행사)'라고 했지.

개경에서 팔관회가 열리면 왕은 궁궐의 높은 누각에 올라가고, 신하들은 그 아래 뜰에 자리를 잡고 축제를 즐겼어. 신라의 화랑을 계승한 선랑 네 명이 이끄는 음악대와 광대가 등장해 노래와 춤을 공연하고 재주를 부렸지. 참석자들은 왕의 만수무강과 나라의 안녕을 기원하면서 공연을 관람하고 음식을 나누어 먹었어.

　팔관회는 고려 각 지역의 대표자들뿐만 아니라 송나라·일본·여진 등 여러 나라에서 온 외국인들도 참석해 즐기는 축제였단다. 이 행사는 고려의 임금이 외국인들 앞에서 황제로서 위엄을 크게 보여 주었다는 점에서 큰 의미가 있었어.

선랑 신라 화랑의 전통을 계승한 소년들로, 좋은 집안의 자제 중에서 네 명을 뽑았다. 선랑은 제사에 참여하여 전통 신에 대한 제사 의례를 재현하는 역할을 맡았다.

팔관회가 시작되기 전에 벌이는 선랑들의 행진

태조 초상화에 대한 참배
팔관회는 왕이 신봉루에 올라
태조를 참배하면서 시작된다.
왕이 초상화에 절을 한 뒤 술을 올렸다.

《팔관회 상상도》

팔관회는 신봉루와 그 앞의 광장인 구정에서 열렸다. 구정의 중앙에는 수레바퀴 모양의 걸이에 수십 개의 등불을 매달아 무대를 대낮처럼 밝히고, 신봉루 앞 흙단의 동쪽과 서쪽에는 황룡이 꿈틀거리는 커다란 깃발을 꽂았다.

왕이 참배를 하고 난 뒤 자리에 앉으면 태자와 왕족, 관리들이 늘어서서 차례로 왕에게 절을 올린다. 축하 인사가 끝나면 용, 봉황, 코끼리, 말의 모습으로 꾸민 배 모양 수레에 각각 올라탄 네 명의 선랑이 이끄는 음악대와 무용수들이 음악과 춤 공연을 펼친다.

【 온 고려를 등불로 덮은 연등회 】

태조 왕건이 훈요 10조에서 밝혔듯이 연등회는 부처를 섬기는 행사였어. 그렇지만 순수한 불교 행사는 아니고 역시 전통 신앙과 결합된 축제였지. 우리나라를 비롯한 동아시아에는 새해를 맞이해 음력 1월 보름날 달맞이를 하거나 쥐불놀이 등을 하면서 나쁜 기운을 몰아내는 풍습이 있었어. 이런 풍습이 등에 불을 켜 놓고 번뇌와 무지로 어두운 세상을 밝게 비춰 주는 부처님의 공덕을 기리는 연등과 결합되어 연등회가 되었단다.

연등회는 개경을 비롯한 온 나라에서 열려 남녀노소가 모두 참여해 즐기는 축제였어. 개경에서 연등회가 열리면 왕은 태조 왕건을 모신 봉은사에 행차해 왕건의 초상에 예배를 드렸어. 그리고 궁궐로 돌아와 음악 공연을 관람하며 신하들과 함께 축제를 즐겼지. 연등회는 말 그대로 불을 밝힌 연등의 물결이 온 나라를 뒤덮는 것이어서 야간 행사가 더 인기를 끌었어.

부처님 오신 날에 열리는 오늘날의 연등회 행사 모습

【전통의 단절】

팔관회와 연등회는 단순한 불교 행사가 아니라 민간 신앙이 바탕에 깔린 우리 민족 고유의 전통 행사였어. 종교 행사에 그치지 않고 남자와 여자, 어른과 아이 할 것 없이 함께 어울려 즐기며 삶의 고단함을 이겨 낸 축제였지. 이런 축제는 고려 시대에만 있었던 게 아니라 삼국 시대에도 있었고, 더 거슬러 올라가면 고조선이나 부여에서 비롯했을 가능성도 있어. 우리의 전통문화나 민족 문화의 알맹이가 이 두 행사에 고스란히 담겨 있었던 거지.

고려는 성종 때 유교 중심 정책을 펴면서 팔관회와 연등회를 잠깐 중지한 적이 있었지만 곧 부활시켜 내내 개최했어. 그런데 새로 등장한 조선이 유교 제일주의를 내세우면서 이 두 행사를 없애 버렸지. 불교적인 색채가 짙은 행사로 온 나라가 들썩이는 모습을 유학자들이 참지 못했던 거야. 우리 민족 문화의 알맹이가 하루아침에 사라져 버린 셈이지.

유교는 조상에 대한 엄숙한 제사만 중시했지 축제로서의 제사는 배척했어. 그래서 조선 시대에는 내세울 만한 축제가 열리지 못했지. 그 결과 오늘날 우리 사회에서 온 국민이 즐기는 축제다운 축제는 찾기가 어려워졌단다.

이웃 일본만 해도 다양한 축제가 열리는데 그것은 전통문화가 살아 있기 때문이야. 한 나라의 문화는 전통문화와 외국에서 들어온 다양한 문화가 결합해 발전하는 것인데 조선은 그렇지 못했어. 그래서 전통문화 하면 우리는 대개 조선 시대의 유교 문화를 떠올리게 돼. 그 이전 시기에 팔관회나 연등회 같은 다양한 전통문화가 있었는데도 말이야.

키워드 06 　 과거 제도

시험으로 관리를 뽑다

공무원이 되려면 보통 시험을 쳐서 합격해야 하지. 그런데 요즘은 공무원이 인기 직업이어서 경쟁이 아주 치열해. 이렇게 시험을 쳐서 관리를 뽑은 것은 언제부터일까? 바로 고려 때란다. 당시 과거 시험에는 정치적으로 큰 의미가 담겨 있었어.

【 광종의 개혁 】

후삼국 시절에 태조 왕건은 지방 세력인 호족을 자기편으로 끌어들이기 위해 수많은 호족의 딸들과 혼인을 해야 했어. 그러다 보니 자녀가 무려 34명이나 되었고, 그 가운데 왕자는 25명이나 되었어. 자연히 후계자 경쟁이 치열하게 벌어졌지.

　태조 왕건이 세상을 떠나자 아들들이 서로 대립하다가 그중 왕무(혜종)와 왕요(정종)가 차례로 왕위에 올랐지만, 모두 의문의 죽음을 맞고 말았어. 그 뒤 후삼국 통일 전쟁의 영웅 박수경의 도움을 받아 왕위에 오른 왕자가 바로 왕소, 곧 광종이야. 이처럼 광종은 왕권이 매우 불안한 상황에서 왕이 되었어.

　광종은 고려의 건국을 이끈 개경 지역 사람들의

관촉사 석조 미륵보살 입상 높이가 18미터나 되는 거대한 석불로 광종 때 만들어졌다. 거대하고 토속적인 모습이 고려 시대 지방 석불의 특징인데, 이를 통해 지방 호족의 힘이 강했다는 것을 짐작할 수 있다. 보물 218호.

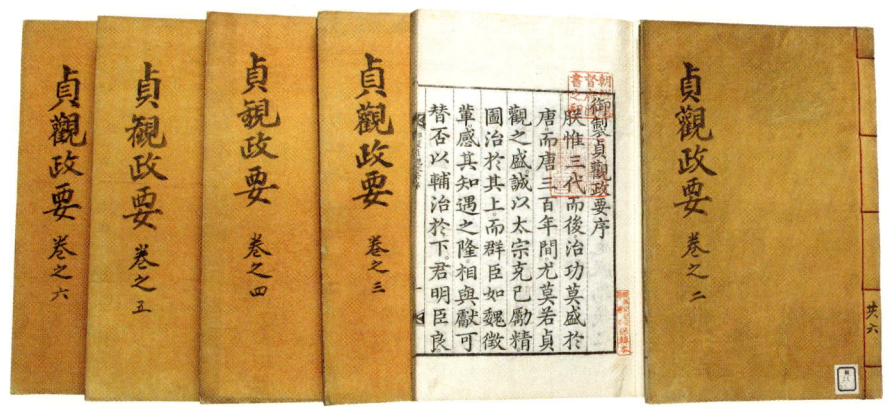

『정관정요』 중국 당나라의 기틀을 닦은 태종과 그 신하들이 나라를 다스리는 방향에 대해 토론한 내용을 기록한 역사책이다. 우리나라와 일본에서도 널리 읽혔는데, 특히 광종이 즐겨 읽었다고 한다.

도움으로 왕이 되었기 때문에 그만큼 그들의 눈치를 많이 봐야 했어. 광종은 신하들을 예의로 대하고 존중하면서도 다른 한편으로는 자기와 가까운 세력을 키우면서 권세 있는 신하들을 누를 수 있는 기회를 엿보았단다.

광종은 힘을 키우기 위해 먼저 광덕, 준풍 같은 독자적인 연호(연도 표기법)를 사용하고 스스로 황제라 칭하여 권위를 높였어. 지금은 서양의 영향을 받아 예수 탄생을 기준으로 하는 '서기'를 연도 표기로 쓰지만, 옛날 왕조 시대에는 당시 나라를 다스리는 왕을 기준으로 연도를 표기했지. 우리나라는 고구려·발해·신라 때 독자적인 연호를 쓴 적이 있고, 태봉의 궁예와 고려의 태조 왕건도 자신의 연호를 쓴 적이 있었어. 하지만 고려 시대 대부분과 조선 시대에는 중국이나 북방 강대국의 연호를 쓰곤 했지.

광종은 독자적인 연호를 사용했을 뿐만 아니라 외국에까지 공식적으로 황제라 일컬었다는 점에서 더욱 의의가 있어. 고려 시대에는 임금을 황제나 천자로 즐겨 불렀지만 외국을 대할 때 공식적으로 황제라 일컬은 경우는 드물었어. 강대국과 불필요한 마찰을 피하기 위해서였지. 그런데 광종은 자신이 황제임을 천하에 선포한 거야. 또 광종은 능력만 있으면 발해 출신이든 후백제 출신이든 중국 출신이든 가리지 않고 인재를 고루 뽑아 썼어.

광종은 자신의 세력이 형성되어 자신감이 생기자 노비안검법과 과거 제도를 시행하면서 고려 사회를 크게 개혁했어. 노비안검법은 원래 양인이었는데 억울하게 노비가 된 사람을 조사해 다시 양인으로 만든 정책이란다. 이 법이 시행되자 호족과 공신들은 자기 노비들을 많이 풀어 줘야 했어. 노비에서 풀려난 사람들은 농사를 지어 나라에 세금을 냈지. 그러자 나라 살림이 넉넉해졌단다. 그리고 과거 시험을 시행해 임금에게 충성하는 신하들을 뽑았어. 이렇게 나라 살림이 넉넉해진 데다 충성스러운 신하들까지 모여든 덕분에 자연스레 임금의 힘이 강해졌지.

강력한 힘을 갖게 된 광종은 드디어 벼르고 벼르던 일을 시작했어. 호족과 공신들을 모조리 숙청(반대파를 쫓아내거나 없애는 일)하기 시작한 거야. 그동안 호족과 공신들은 온갖 특혜를 누리며 왕권에 큰 위협을 주었거든.

광종이 호족과 공신들을 몰아내자 왕조는 안정이 되었지만, 숙청당한 호족과 공신들은 몹시 억울했어. 왜냐하면 호족과 공신들이야말로 통일 전쟁을 치르면서 고려 왕조를 탄생시킨 주인공이었기 때문이지.

【 여러 가지 과거 시험 】

과거는 원래 중국에서 관리를 뽑는 제도였어. 광종이 과거를 실시하게 된 데에는 쌍기라는 인물이 큰 역할을 했어. 쌍기는 중국 사람인데, 고려에 왔다가 아예 고려 사람이 되었지. 광종은 쌍기의 능력을 높이 사서 벼슬을 주었단다. 쌍기가 광종에게 과거를 실시하자고 건의하자 광종도 찬성했어. 그리하여 958년 고려에서 처음으로 과거가 열리고, 쌍기는 시험 감독을 맡았단다. 고려에 이르러 이제 공부를 잘하면 가문이 그리 좋지 않아도 벼슬을 얻고 출세할 수 있는 시대가 된 거야.

송나라의 과거 시험장 송나라 황제가 과거 시험을 직접 감독하고 있는 장면이다.
중국에서는 수나라 때부터 과거 제도가 시행되어 송나라 때 보편화되었다.
우리나라에서는 고려 광종에 이르러 본격적으로 도입되었다.

    그러면 과거 시험에 대비해 어떤 공부를 했을까? 과거에는 여러 종류가 있었어. 첫째로 시를 짓거나 정치적인 문제에 대해 자기 생각을 적는 제술과가 있었어. 주로 문장력이 뛰어난 사람이 유리했지. 고려는 외교 문서를 짓는 일 등에 뛰어난 사람을 잘 대우했기 때문에 제술과가 가장 인기가 있었어.

    둘째는 명경과인데, 시험관이 『논어』나 『주역』 같은 유교 경전에 대해서 물어보면 대답하는 시험이었어. 그러니 경전을 아주 열심히 외워야 했겠지?

    셋째는 잡과로, 기술 관리를 뽑았어. 이 시험에 합격하면 의사나 점술가가 되었지. 그리고 승려가 되기 위해 치르는 승과도 있었단다.

    과거는 시험에 합격하면 벼슬할 수 있는 자격을 준 제도이니, 관리를 뽑을 때 집안 배경보다 개인의 실력을 더 중요하게 본다는 점에서 의미가 있어. 그렇지만 모든 관리를 과거로 뽑은 건 아니야. '음서 제도'라고 해서 과거를 보지 않아도 왕족이나 공신 또는 5품 이상 관리의 자손에게 벼슬을 주는 제도도 있었거든. 부모나 친척을 잘 만난 덕분에 시험을 치르지 않고 벼슬을 한 거지.

그러고 보니 과거 제도는 실력에 따라 벼슬을 주니 좋은 것이고, 음서 제도는 집안의 배경에 따라 좌우되니 나쁜 것이라고 생각할 수도 있겠구나. 하지만 과거 제도도 완전히 공평했던 건 아니야. 비록 응시 자격에는 제한이 없었지만, 실제로 합격한 사람은 거의 모두 오랫동안 공부할 수 있는 여건이 되는 지배층에서 나왔기 때문이야. 일반 백성들은 먹고살기에 바빴기 때문에 지배층처럼 오로지 공부에만 매달릴 수 있는 형편이 못 됐거든. 그러니까 과거도 모든 사람에게 공정한 경쟁은 아니었던 셈이지.

삼태사 유물 태조 왕건이 고창(안동) 전투에서 공을 세운 안동의 권행·장정필·김선평 등 3태사에게 하사한 물품으로, 관리가 쓰던 복두와 가죽신, 허리띠이다. 보물 451호.

고려의 관리 복두라는 모자를 쓰고 허리에는 띠를 차고 있으며, 양손에는 홀을 들고 있다. 광종 때 이러한 공복이 제정되었다.

【 유학자들이 지배하는 사회 】

만약 너희가 게임 실력 한 가지로 대학에 들어갈 수 있다면 모두들 열심히 게임을 하겠지? 고려 시대에는 유교 경전으로 과거 시험을 치렀기 때문에 관리가 되려면 먼저 유학을 열심히 공부하지 않을 수 없었어. 그런데 유학은 부모에게 효도하고 임금에게 충성하는 것을 아주 중요하게 강조한단다. 그리고 과거 시험에서 최종 합격자는 왕이 결정했어. 따라서 유학을 열심히 공부하여 왕에게 뽑힌 사람들은 관리가 되어서도 자연히 왕에게 충성을 바치게 되지. 광종은 바로 이런 목적에서 과거를 시행한 거야.

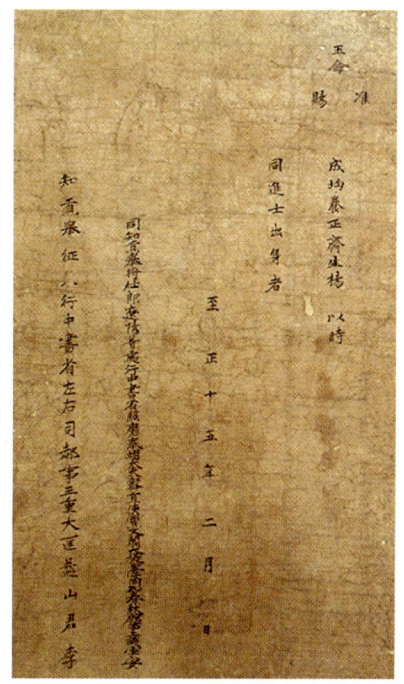

홍패 1355년(공민왕 4년) 과거에 합격한 양이시에게 발급한 과거 합격 문서이다. 합격자의 성적과 등급, 이름 등이 쓰여 있다. 보물 725호.

과거 시험으로 관리를 뽑은 뒤로 고려에서는 문신, 그중에서도 유학자들이 힘을 얻게 되었어. 유교는 충성·효도·도덕이라는 가치를 강조했기 때문에 사회 질서를 잡는 데는 도움이 되었지. 하지만 사람의 능력보다는 신분을, 여자보다는 남자를 더 중요하게 생각하는 단점이 있었어. 또한 상공업과 기술 분야를 천하게 여겼기 때문에 사회가 발전하는 데 걸림돌이 되기도 했어. 이런 점은 조선 시대에 더욱 두드러진단다.

키워드 07   **시무 28조**

유교 정치를 추구하다

유교와 불교는 삼국 시대에 우리나라로 들어왔어. 불교는 전통문화와 잘 어우러져서 고려 시대에 이르러 완전히 우리 문화가 되었지만, 유교는 여전히 전통문화와 충돌하는 일이 잦았지. 그러다가 과거 제도를 시행하면서 점차 힘을 얻은 유교는 성종 때 이르러 뿌리를 내리게 된단다. 이때 큰 역할을 했던 상소문이 있는데, 거기에 담긴 것이 바로 최승로의 시무 28조야.

【 천재 유학자 최승로 】

경주 출신의 천재 유학자로 최승로라는 사람이 있었어. 최승로는 아버지가 오랫동안 자식이 없자 관세음보살에게 기도해서 낳은 아이였다고 해. 어릴 때부터 총명했던 데다 공부를 좋아하고 글을 잘 지어 이름을 떨쳤지. 열두 살 때는 태조 왕건 앞에 나아가 공자의 말씀을 기록한 『논어』라는 책을 읽었는데, 최승로의 뛰어난 재능을 본 왕건이 무척 기뻐하며 상뿐만 아니라 벼슬까지 내렸다고 해. 4대 광종 때도 벼슬을 했는데 주로 글을 짓는 비서로 활약했어.

그 뒤 최승로를 비롯한 경주 출신들은 힘을 모아 태조 왕건의 손자를 6대 성종 임금으로 즉위시켰어. 그래서 경주 출신의 관원들, 특히 최승로 같은 유학자들이 나라를 이끌게 되었지. 최승로는 나랏일을 두루 살피면서 신하에게 벼슬을 주고 거두는 일을 했어.

오랫동안 벼슬살이를 한 최승로는 성종에게 상소문을 하나 올렸어. 정치에 대한 자기 생각과 나라를 운영하는 데 필요한 지침을 적은 것인데, 성종

최승로의 상소문 성종 이전의 다섯 임금에 대한 평가와 나라에서 시급히 해결해야 할 정책 28조목으로 이루어져 있다.

이전의 다섯 왕에 대한 평가와 시무책(나라에서 급히 해결해야 할 정책) 28가지를 담고 있었어. 그러니까 시무 28조는 최승로가 왕에게 건의한 28가지 정책 목록이라고 할 수 있지.

【 나라 다스리는 법을 올리다 】

최승로는 상소문에서 성종에 앞서 고려를 다스린 다섯 왕이 한 일 가운데 잘한 점은 따르고 잘못한 점은 따르지 말아야 한다고 했어. 특히 신하를 예의로 대한 점을 본받고, 독재를 행한 것은 본받지 말기를 바랐지. 최승로는 임금이 마음대로 하는 정치가 아니라, 임금과 신하가 서로 존중하고 협력하는 정치를 이상적으로 생각했던 거야.

다섯 왕에 대한 평가에 이어지는 시무책은 원래 28조목이었지만 지금은 22조목만 남아 있어. 그것을 순서에 관계없이 분야별로 살펴보기로 하자.

최승로는 불교를 여러 가지로 비판했어. 불교 행사를 자주 여는 바람에 나랏돈을 다 써 버린 일을 예로 들면서 성종에게 몸소 불교 행사에 참여하지 말 것을 요구했지. 성종이 궁궐에 모셔 온 승려도 돌려보내라고 했어. 또한 절에서 백성들에게 돈과 곡식을 빌려 주고 이자를 많이 받는 고리대를 금지해야 한다고도 했어. 그리고 봄과 겨울에 각각 열리는 연등회와 팔관회 준비 때문에 백성들이 무리하게 동원되니, 이 두 행사를 줄이거나 아예 없애 버리라고 요구했단다.

최승로는 불교는 종교 이념으로서 몸을 닦는 근본일 뿐이고, 나라를 다스리는 근원은 유교라고 주장했어. 그러면서 몸을 닦음(불교)은 내세(죽은 뒤의 세계)를 위해 필요한 것이고, 나라를 다스림(유교)은 현재에 힘쓰는 것이니까 불교에 견주어 유교가 더 낫다고 내세웠지. 하지만 고려는 불교의 나라였기 때문에 최승로 자신도 불교를 완전히 부정할 수는 없었어. 대신 불교와 유교는 서로 맡아야 할 역할이 따로 있다고 주장하면서, 몸을 닦는 일은 불교에 의지하되 정치는 유교식으로 하려고 한 거야.

불교를 비판한 다음 최승로는 정치와 사회에 관한 문제를 이야기했어. 여러 가지 내용 가운데 최승로가 주장한 유교식 정치를 엿볼 수 있는 것이 있었어. 첫째는 임금은 겸손한 마음으로 신하를 예절로써 대하고, 신하는 충성으로 왕을 섬겨야 한다고 강조한 점이야. 둘째는 신분이나 지위에 맞게 의복과 집에 차별을 두어야 한다고 했어. 셋째로 노비들이 주인을 모함하는 일이 많으니 노비와 주인의 송사를 분명하게 판결해야 한다고 했어. 이와 같이 최승로가 왕과 신하의 관계나 신분 질서와 관련해 주장한 내용은 바로 유교에서 중요하게 여기는 점들이었지.

【유교가 뿌리를 내리다】

성종은 최승로의 시무책을 받아들여 유교를 중심으로 한 정치를 펼쳤어. 지방에는 관리를 파견하고, 불교 행사를 크게 축소해 연등회와 팔관회를 아예 없애 버렸지. 연등회와 팔관회는 태조 왕건이 훈요 10조에서 그토록 강조한 행사였는데도 말이야. 대신 유교 의례를 대대적으로 도입해 태묘(종묘 : 왕실 사당), 사직단(토지 신과 곡식 신에게 제사를 지내는 제단), 문묘(공자 사당)를 설치하고, 하늘에 유교식으로 제사를 지내는 원구단도 만들었어. 또 원래 고려에서는 임금의 명령을 '황제의 명령'이라는 뜻으로 '조칙'이라 표현해 왔는데, 성종은 중국 중심의 유교적인 세계관에 따라 '왕의 명령'이라는 뜻의 '교서'라는 표현을 사용했어. 그래서 고려의 위신이 깎이기도 했지. 훗날 고려는 다시 조칙을 사용해 권위를 높인단다.

최승로는 중국의 유교 문화가 우리나라에 뿌리내리는 데 큰 역할을 한 사람이야. 물론 그 무렵에는 선진국인 중국의 문화를 받아들여 우리 문화를 발전시킬 필요가 있었어. 하지만 우리 전통문화와 자긍심을 깎아내리고 신분 제도와 노비 제도를 지나치게 고집한 것은 비판받을 일이야.

이처럼 정치가의 생각과 그에 따른 활동은 여러 측면에서 살펴보고 평가해야 한단다.

원구단에서 제사를 지내는 모습 상상도
원구단은 고려의 황제가 하늘에 제사를 드리는 제단이다.
'하늘은 둥글고 땅은 네모지다.'라는 유교 사상에 따라
안쪽 담장은 둥글게, 바깥쪽 담장은 네모지게 쌓았다.

키워드 08 천추 태후

한 여인이 지킨 사랑과 전통

여왕이 셋이나 있었던 신라와 달리 고려와 조선의 왕은 모두 남자였어. 다른 왕조 시대에도 마찬가지였지만, 일반 관리들 역시 모두 남자이고 여자는 일반 관직에 나올 수 없었단다. 이런 상황에서 여성이 정치 권력을 갖는 일은 매우 드물었어. 우리가 잘 아는 조선 말기의 명성 황후는 역사상 드물게 여성으로서 권력을 쥔 사람이었지. 그런데 고려에도 명성 황후 같은 여성이 있었단다. 젊어서는 불행했지만, 나중에는 사랑과 권력을 모두 손에 넣고 또 모두 잃은 여인이었어. 바로 천추 태후의 이야기야.

【 왕비의 절개, 여성의 사랑 】

고려 시대의 왕실에서는 사촌 안에서 결혼하는 일이 잦았고, 일반 백성들도 사촌이 넘는 친척과는 별 문제 없이 결혼할 수 있었단다. 태조 왕건의 두 손녀도 둘 다 사촌인 경종과 혼인했는데, 바로 천추 왕비와 헌정 왕비였지. 그런데 경종은 스물여섯 살 젊은 나이로 세상을 뜨고 말아. 그 바람에 두 자매는 소녀티도 벗지 못한 채 갑작스레 과부가 되었지. 그중 천추 왕비에게는 경종과의 사이에서 낳은 두 살배기 아들(목종)이 있었단다. 그 무렵 왕실에서는 경종을 이어 서로 왕이 되려는 경쟁이 벌어진 끝에 유교 정치를 펴는 세력이 승리했고, 두 자매의 오빠(성종)가 왕이 되었어.

꽃다운 나이에 홀로 된 두 자매는 왕비로서 절개를 지키며 살지는 않았어. 천추 왕비는 외가 쪽 친척인 김치양이라는 남자와, 헌정 왕비는 작은아버지 왕욱과 사랑하는 사이가 되었지. 유교 정치를 펴던 성종은 두 자매의 일이 유교 도덕에 어긋나고 왕권에도 위협이 된다고 여기고 김치양과 왕욱을 귀양 보내 버렸어. 임신 중이던 헌정 왕비는 이에 충격을 받은 나머지 아기(현종)를 일찍 낳고 그 후유증으로 세상을 뜨고 말았단다.

【 임금의 어머니가 되어 권력을 장악하다 】

세월이 흘러 유교 정치 세력이 밀려나자 천추 왕비는 경종과의 사이에서 낳은 아들을 성종의 후계자로 만들면서 힘을 키워 갔어. 성종이 세상을 뜨고 아들이 어느덧 18세의 청년이 되어 왕위에 올랐어. 하지만 천추 왕비가 섭정을 하며 권력을 손에 넣었단다. 왕을 대신해 나라를 다스리는 것을 '섭정'이라고 하는데, 대개 왕이 나이가 어려 나라를 다스리기 어려울 때 많이 행해졌지.

그런데 천추 왕비는 목종이 어른이 되었는데도 섭정을 했고, 사람들은 그녀를 천추 태후라고 부르곤 했어. '천추'는 왕의 어머니로서 권력을 행사하며 머물렀던 천추궁에서 따온 이름이고, '태후'는 황제국 체제인 고려에서

임금의 어머니를 가리키는 칭호야. 그러니까 '천추궁에서 권력을 휘두르는 임금의 어머니'라는 뜻으로 천추 태후라고 부르는 거지.

천추 태후는 귀양 갔던 김치양을 다시 불러들여 자기 세력을 만들었어. 천추 태후는 성종과 그를 따르던 신하들이 펴던 유교 중심 정책, 중국화 정책, 신라 계승 정책에 거부감이 있었어. 이런 정책들이 고려의 전통을 위협하고 점차 중국을 닮아 가게 한다고 생각했기 때문이야.

그래서 천추 태후는 전통 신앙과 하나가 된 불교를 적극적으로 지지하고 연등회와 팔관회를 부활시켰어. 고구려 계승을 상징하는 서경도 중시했지. 중국화 정책으로 위협받는 고려의 전통 사상을 지키려고 했던 거야. 그렇다고 외래문화(유교)를 무조건 배척하지는 않았단다. 전통문화를 바탕으로 우리 것을 잃지 않으면서 외래문화를 적절히 받아들이자는 것이었지.

【 전통문학와 외래문학가 공존하다 】

그 뒤 목종에게서 왕자가 태어나지 않자 고려는 누구를 왕으로 세우느냐 하는 문제로 혼란에 빠졌어. 천추 태후는 김치양과의 사이에서 낳은 아들을 목종의 후계자로 만들려고 했지. 반대 세력은 왕씨가 아닌 다른 성씨가 왕이 되는 것이라며 반대했어. 유교적인 사고방식에서 보면 문제가 되겠지만, 딸이나 사위도 왕위에 올랐던 신라의 전통에 비추어 보면 천추 태후의 생각이 그렇게 이상한 것은 아니었어. 하지만 그때는 이미 유교 정치에 따른 남성 중심의 사고방식이 퍼져 있었던 것이 문제였지.

마침내 반대 세력은 천추 태후를 몰아내기 위해 정변을 일으켰어. 천추 태후가 반대 세력에게 지자 목종은 왕위에서 쫓겨나 어머니 천추 태후와 함께 귀양 가는 신세가 되었는데, 도중에 살해당하고 말았단다. 아들을 잃은 천추 태후는 할머니의 고향 황주로 쫓겨났지.

대보적경 그림 천추 태후와 김치양이 함께 소원을 담아 만든 사경이다. 불교 경전을 금가루나 은가루로 정성껏 베껴 쓴 것을 사경이라고 하는데, 이 대보적경은 금가루로 쓴 사경 가운데 가장 오래된 것이다.

그러면 천추 태후가 고려의 전통을 지키기 위해 폈던 정책들은 모두 헛수고가 된 걸까? 그렇지 않아. 천추 태후와 목종을 몰아내고 왕이 된 현종은 이모인 천추 태후의 뜻을 많이 받아들였단다. 성종이 없앴던 연등회와 팔관회를 공식적으로 부활시키고, 고구려의 옛 도읍인 서경과 불교를 중시했어. 그러면서 유교도 내치지 않고 발전적으로 받아들였지.

그리하여 현종 때에는 전통문화와 외래문화가 조화를 이룸으로써 우리 민족 문화가 더욱 발전하고 풍부해졌어. 전통만 고집하거나 외국에서 들어온 것만 좋아하면 그 민족의 문화는 발전하기 어려운 법이거든. 다양한 문화가 함께 어우러지는 것이야말로 역사가 발전하는 힘이 아닐까?

이렇게 볼 때 유교 정치를 주장한 최승로, 전통문화를 지킨 천추 태후, 그 둘의 조화를 이룬 현종, 이 세 사람에게는 각자 자신의 역할이 있었다고 할 수 있지.

키워드 09   서희

천 년 전의 외교 천재

나라 사이의 분쟁은 자칫하면 전쟁으로 치닫게 돼. 전쟁을 미리 막거나 전쟁이 일어나더라도 싸우지 않고 금방 끝낼 수 있는 방법이 있다면 얼마나 좋을까? 바로 외교로 그렇게 할 수 있단다. 그래서 외교의 성공과 실패는 한 나라의 운명을 좌우할 수도 있는 중요한 일이지. 천 년 전 고려에는 전쟁의 위기를 외교술로 막아 내고 영토까지 넓힌 천재 외교관이 있었어. 바로 이천 출신의 서희란다.

【 거란이 쳐들어오다 】

고려와 거란은 남북으로 영토를 맞대고 있었지만 서로 사이가 좋지 않았어. 태조 왕건은 발해를 멸망시킨 거란을 원수로 여겼거든. 그래서 거란이 파견한 사신을 귀양 보내고 선물로 받은 낙타를 개경의 '만부교'라는 다리에 묶어 놓고 굶겨 죽였어. 그래서 이 다리는 '낙타교'라고 불렸지. 훈요 10조에서 태조 왕건이 거란은 짐승과 같은 나라이니 본받지 말라고 당부했던 말 기억나니?

고려는 거란을 멀리하고 중국의 송나라와 좋은 관계를 유지했어. 최승로가 유교 중심 정치를 하면서 고려는 송나라와 더욱 가까워졌지. 송나라와 사이가 좋지 않던 거란은 고려의 이러한 외교 정책에 불만을 품었어. 그래서 호시탐탐 기회를 엿보던 거란은 993년 소손녕의 지휘에 따라 마침내 고려를 침략했어. 고려는 거란의 공격을 막기 위해 3개 군대를 편성했는데, 재상이었던 서희가 그중 한 군대를 이끌었지.

〔10세기 말 거란의 영역〕

　소손녕은 고구려의 옛 땅은 자기들 거란의 영토인데 고려가 국경을 침범했기 때문에 벌하러 왔노라고 주장했지만, 사실은 고려의 외교 정책에 대한 불만이 더 큰 이유였어. 소손녕은 고려에 문서를 보내 겁을 주었어.

　"우리 거란은 지금 천하를 통일하고 있다. 아직까지 우리에게 항복하지 않은 나라는 기어코 쳐들어가 죄다 없애 버릴 것이다. 잠시도 머뭇거리지 말고 어서 항복하라."

　그리고 또 문서를 보내 군사의 수를 부풀리며 위협했어.

　"우리 군대 80만이 도착하였다. 항복하지 않으면 반드시 쳐들어가 무찌를 것이니, 왕과 신하들은 빨리 우리 군영 앞에 와서 항복하라."

　거란의 협박에 겁을 먹은 고려의 많은 신하들은 서경과 그 북쪽의 땅을 떼어 주자고 주장했어. 성종은 이 말에 찬성할 생각으로 서경의 나라 창고에 있던 쌀을 백성들에게 마음대로 꺼내 가라고 했단다. 그러고도 쌀이 많이 남자 거란군이 가져가기 전에 쌀을 대동강에 모두 버리라고 명령했다는구나.

이에 대해 서희는 거란이 고구려의 옛 땅을 찾겠다고 주장하지만 속으로는 고려를 두려워하고 있다면서, 제대로 싸워 보고 나서 결정해도 된다고 했지. 이지백도 고려인들이 유교 문화 탓에 나약해져서 적에게 땅을 쉽게 내주려 한다고 생각했어. 그래서 전통 행사인 연등회, 팔관회 등을 되살리고 고려인이 단결하면 외적을 물리칠 수 있다고 주장했단다.

이렇게 서희와 이지백이 반대하자, 성종은 땅을 떼어 주자는 신하들의 주장을 잠시 물리치고 일단 거란과 화해를 시도해 보기로 했어. 그래서 성종은 신하들에게 물었어.

"거란 군영으로 가서 말로써 적병을 물리치고 길이 남을 공을 세울 사람은 없는가?"

그러나 아무도 나서는 사람이 없었어. 이때 서희가 혼자 나서며 이렇게 말했지.

"제가 비록 어리석으나 어찌 감히 왕의 명령을 받들지 않겠습니까?"

이렇게 해서 서희는 화해 사절로 거란군 진영으로 가게 되었어.

【 담판으로 적군을 물리치다 】

서희는 거란군 진영에서 소손녕을 만나 담판을 벌였어. 소손녕이 먼저 서희에게 말했어.

"당신네 나라는 옛 신라 땅에서 일어났고 고구려의 옛 땅은 우리 거란에 속해 있는데 어째서 우리 땅을 침범했느냐? 또 우리와 국경을 맞대고 있으면서 어찌 바다 건너 송나라를 섬기는가? 이제라도 땅을 떼어 바치고 우리와 국교를 맺는다면 무사할 것이다."

소손녕의 말에 따르면 거란은 영토와 외교 문제 두 가지 이유로 고려를 벌하러 왔다는 거야. 서희는 소손녕의 말을 조목조목 반박했어.

"그렇지 않다. 우리나라는 바로 고구려의 후계자이다. 그러므로 나라 이름도 고려라 하였다. 그리고 나라의 경계 문제를 말하자면 당신네 나라의 동경(요동)도 원래는 고려의 영역이다. 압록강 안팎 또한 우리 땅인데 여진족이 차지하고 길을 막고 있어서 거란으로 가는 일이 바다를 건너 송나라로 가는 것보다 어려운 형편이다. 그러니 거란과 국교를 통하지 못하는 것은 여진 탓이다. 만약 여진족을 쫓아내고 우리의 옛 땅을 되찾는다면 어찌 거란과 국교를 통하지 않겠는가? 장군이 내 의견을 당신 나라 임금께 전달하기만 한다면 어찌 들어주지 않으시겠나."

비록 적진에 홀로 들어갔지만, 서희는 당당했고 논리도 정연했어. 이에

서희의 외교 담판 기록화

서희의 글씨

감탄한 소손녕은 거란의 황제에게 보고했고, 송나라와 서로 맞서고 있던 거란의 황제는 고려와 전쟁을 오랫동안 끌기가 부담스러워 군대를 되돌리라고 명령했어.

서희가 소손녕에게서 낙타 10마리와 말 100필, 양 1,000마리와 비단 500필 등 많은 선물까지 받고 돌아오자 성종은 멀리까지 마중 나와 크게 환영했어. 서희의 정확한 판단력과 외교술 덕분에 자칫 큰 전쟁이 일어날 뻔한 위기를 벗어난 거야.

【영토를 넓히다】

서희의 담판이 성공을 거두어 거란의 1차 침입은 큰 피해 없이 끝났어. 고려는 거란과 외교 관계를 맺고 송나라의 연호 대신 거란의 연호를 썼어. 그러고 나서 거란의 도움을 받아 서희가 군대를 이끌고 여진족을 몰아낸 뒤 청천강과 압록강 사이의 여섯 근거지에 성을 쌓아 군대를 주둔시켰지. 이것이 바로 강동 6주란다. 그 결과 고려의 영토는 압록강까지 넓어졌어. 서희는 압록강을 넘어 영토를 더욱 넓히려고 했지만, 거란과 충돌할 것을 걱정한 성종이 말려서 그만두었어.

고려는 서희의 외교 담판 덕분에 전쟁을 끝냈을 뿐만 아니라 그 담판에 바탕을 둔 군사 작전으로 영토까지 넓혔지. 거란은 고려를 압박해 송나라에서 떼어 내는 성과를 거두었고, 고려는 송나라와 절교하고 거란과 친교를

강동 6주 강동 6주는 압록강 동쪽(또는 남쪽)과 박천강(청천강의 줄기) 사이의 흥화진, 용주, 철주, 통주, 곽주, 귀주로 여겨지고 있다.

맺음으로써 평화와 영토를 얻었어. 따라서 두 나라에 모두 득이 되었던 외교였다고 할 수 있지. 결과적으로 고려는 고구려의 옛 영토를 더 많이 확보함으로써 고구려 계승이라는 명분도 얻고 평화도 얻었으며 영토 확장이라는 실리도 차지했어.

천 년 전의 명재상 서희는 이처럼 외교 협상이란 어떠해야 하는지를 잘 보여 주었단다.

키워드 10 양규

잊혀진 영웅

거란과의 전쟁에서 고려를 구한 인물이라면 흔히 강감찬을 떠올리지. 물론 강감찬도 대단한 영웅임에 틀림없지만, 다른 인물은 없었을까? 거란은 고려에 모두 세 차례 쳐들어왔는데, 첫 침략은 서희가 외교로 막아 냈고 강감찬은 세 번째 공격을 물리쳤어. 그럼 두 번째는 어떻게 된 걸까? 그때는 양규라는 사람이 있었어. 서희와 강감찬처럼 고려를 구해 냈지만, 이상하게도 잘 알려지지 않은 인물이지.

【 거란 황제가 고려를 침략하다 】

서희가 외교 담판으로 거란군을 돌려보낸 지 17년 후, 거란의 황제가 40만 대군을 몸소 이끌고 압록강을 건너 고려로 다시 쳐들어왔어. 거란의 2차 침략이야. 거란은 정변을 일으켜 천추 태후와 목종을 몰아낸 세력에게 벌을 준다는 명분을 내세웠어. 하지만 진짜 이유는 고려가 서희의 담판으로 이익을 많이 보았는데도 거란과의 외교 관계에 정성을 기울이지 않은 데 불만을 품었기 때문이야. 게다가 서희가 개척한 강동 6주도 탐이 났어. 그러던 참에 마침 고려가 정변으로 왕이 바뀌어 혼란한 틈을 타서 쳐들어온 거지.

거란군은 황제가 직접 이끄는 정예 부대인 데다 군사 수도 어마어마했어. 게다가 거란족은 유목 민족이라서 말타기와 활쏘기가 뛰어나 전투력이 아주 강했단다. 그래서 중국의 송나라도 쩔쩔맸지. 고려는 병력을 다 긁어모아 봐야 30만을 넘기기 어려웠어. 하지만 싸움에는 자신이 있었어. 총사령관 강조가 30만 대군을 이끌고 나가 강동 6주의 하나인 통주에서 적과 맞섰지.

강조는 거란군의 기마 전술에 맞서 검을 빼곡히 꽂은 검차로 거란군을 자주 물리쳤어. 자신감이 넘친 강조는 적이 고려의 진영을 뚫고 들어왔다는 보고를 듣고도 적이 많이 들어올수록 많이 쳐부술 수 있다며 느긋하기만 했지. 하지만 이

거란 사람들이 사냥을 하고 돌아가는 모습

것이 적을 가볍게 여긴 치명적인 실수였던 거야.

적의 기병은 순식간에 고려군 중심부까지 쳐들어와 강조를 사로잡아 버렸어. 고려군의 총사령관이 외적에게 포로로 잡힌 치욕의 순간이었지. 고려군은 허둥대다가 무너져 3만 명의 병사가 목숨을 잃었어. 그래도 강조는 자기 신하가 되라는 거란 황제의 요구에, "나는 고려 사람인데 어찌 당신의 신하가 되리오." 하면서 거절했다가 죽임을 당하는 기개를 보여 주었어.

【 위기에 빠진 고려를 양규가 구하다 】

고려의 중심 부대를 무너뜨린 거란군은 청천강을 넘어 서경을 포위해 공격하더니, 대동강을 건너 남쪽으로 내려가 고려의 도읍 개경으로 향했어. 겁을 먹은 고려의 신하들이 대부분 항복하자고 건의한 반면, 강감찬은 왕에게 일단 피신하여 훗날을 도모하자고 했어.

결국 현종은 개경을 포기하고 남쪽으로 피난길에 올라 임진강을 건너고 한양(지금의 서울)을 거쳐 나주까지 도망가야 했어. 피난 도중에 현종은 그때까지도 고려의 통일에 불만을 품고 있던 지방 세력에게 습격당하는 수모

까지 겪기도 했어. 하지만 나주는 태조 왕건이 장군 시절에 개척한 고려 왕조의 버팀목이어서 현종을 환영해 주었지. 개경은 이미 적에게 함락당해 불타고 말았단다.

그런데 고려 땅을 거침없이 밀고 내려온 거란군에게도 한 가지 찜찜한 일이 있었어. 압록강 건너 흥화진을 함락시키지 못하고 그냥 내려왔기 때문이야. 그때 흥화진을 굳게 지킨 사람이 바로 양규였어.

나라의 도읍이 무너지고 왕도 멀리 피난 가 버린 상황이었지만 양규는 흥화진만 지키는 것에 만족하지 않았어. 먼저 강조가 패배했던 통주로 내려가 고려의 패잔병 1천 명을 구해 내더니, 그 아래 곽주를 공격해 거란 주둔군을 모조리 죽이고 고려인 7천 명을 구해서 다시 통주로 올라왔어. 그러자 귀주성의 부지휘자 김숙흥도 거란군을 공격해 1만 명을 죽였단다. 그 뒤 양규는 동에 번쩍 서에 번쩍 하는 유격전으로 평안도 지역에 주둔해 있던 거란군을 곳곳에서 격파하고 수많은 고려군 포로를 구해 냈어.

그러자 거란군은 걱정이 많아졌어. 양규와 김숙흥 등이 지휘하는 고려군이 후방에서 계속 강력한 타격을 주고 있는데, 그러다가 자칫 보급로가 끊기면 황제가 이끄는 중심 부대가 고립될 수도 있었기 때문이야. 이런 상황에서 전쟁을 계속하면 중국의 송나라가 거란을 침략할 위험도 있었거든.

이처럼 거란군을 괴롭힌 흥화진과 귀주성은 강동 6주에 포함된 곳이야. 그러니 서희가 개척한 강동 6주가 얼마나 전략적으로 중요했는지, 거란이 왜 그곳을 탐냈는지 알 수 있겠지?

【 양규는 왜 잊혀졌나 】

거란군은 고려와 전쟁을 중단한다는 협상을 맺고 서둘러 물러가기 시작했어. 이미 싸움을 그만하자고 약속했기 때문에 돌아가는 거란군을 그대로 보

귀주성 강동 6주(6성)의 하나인 귀주는 서북면(평안도)을 지키는 요충지라서 외적이 쳐들어오면 치열한 전투가 벌어지곤 했다.

내도 되었지. 하지만 양규는 그러지 않았어. 철수하는 거란군의 선봉대가 나타나자 군대를 이끌고 나가 거란군 1천 명을 죽였어. 이윽고 황제가 이끄는 거란군의 주력 부대가 나타나자 양규와 김숙흥 등이 이끄는 고려군은 하루 종일 온 힘을 다해 싸웠지. 그러다가 무기와 화살이 바닥나 양규와 김숙흥은 장렬하게 전사했단다.

철수하던 거란군은 고려군의 공격을 받은 데다 큰비까지 만나 심한 타격을 입은 채 간신히 압록강에 다다랐어. 이제 강만 건너면 자기 나라로 돌아간다고 여겼지. 그러나 안심하기에는 아직 일렀어. 거란군이 강 한가운데에 이르렀을 때 정성이 이끄는 고려군이 나타나 뒤에서 공격했던 거야. 거란군은 허둥대다가 많은 군사들이 물에 빠져 죽었어.

이렇게 하여 고려는 침략군을 몰아내고 다시 살아날 수 있었지. 양규는 고립된 군대를 이끌며 거란군과 일곱 번 싸워 무수히 많은 적을 무찔렀고, 포로로 잡힌 고려인 3만여 명을 구출해 냈어. 적의 낙타와 말, 각종 무기도

셀 수 없을 정도로 많이 획득했지. 양규와 김숙흥은 벼랑 끝에 몰린 고려를 구해 낸 진정한 영웅이었어.

고려 왕은 나라를 구하고 목숨을 잃은 양규와 김숙흥에게 벼슬을 주고 그 가족에게도 상을 내렸어. 그런데 왜 우리는 그들을 잘 기억하지 못하는 걸까? 귀주 대첩에서 거란의 3차 침략군을 격파한 강감찬은 잘 기억하면서 말이야.

양규는 과거에 급제하지 않았고 재상이 되지도 못했어. 반면 강감찬은 과거에 장원 급제하여 재상 중에서도 지위가 가장 높은 문하시중에까지 올랐지. 그렇다면 혹시 과거 시험과 고급 관료를 중시하는 분위기가 평범한 장군이었던 양규를 잊혀지게 만든 것은 아닐까?

너희들은 양규를 꼭 기억해 줬으면 좋겠구나. 그러면 잊혀진 고려의 영웅 양규가 제대로 평가받는 날이 오지 않겠니?

키워드 11 귀주 대첩

거란의 야욕을 잠재운 강감찬

강감찬은 오늘날의 서울 관악산 기슭인 금주에서 태어났어. 강감찬이 태어날 때 큰 별이 떨어졌다고 하니 별의 정기를 타고났다고나 할까. 강감찬은 키가 작달막하고 얼굴이 못생겼지만 학문을 좋아하여 과거에 장원 급제한 수재였어. 게다가 기이한 계략을 많이 세운 전략가이기도 했지. 강감찬은 거란의 3차 침략을 막아 내고 고려를 안정기에 접어들게 한 인물이야.

【 거란군에게 물벼락을 안기다 】

두 번씩이나 고려를 쳐들어갔지만, 고려의 왕이 거란에 오지도 않고 강동 6주를 빼앗지도 못하자 거란 황제는 화가 치밀었어. 그래서 1018년 12월 소배압에게 10만 대군을 이끌고 고려를 침략하게 했어. 이것이 거란군의 3차 침략이야.

고려군 총사령관으로 임명받은 강감찬은 흥화진의 산골짜기에 기병 1만 2천 명을 몰래 숨겨 두었어. 그러고는 새끼줄로 소가죽을 꿰어 큰 냇물을 막고 기다렸지. 물이 얕은 줄 알고 거란군이 냇물을 건널 때 막았던 물을 한꺼번에 터뜨리자, 거란군은 큰 혼란에 빠졌어. 이때 숨어 있던 고려 군사들이 갑자기 공격해 큰 승리를 거두었지.

낙성대 공원에 세워진 강감찬 장군 동상

낙성대 강감찬이 태어난 곳으로, 그가 태어날 때 큰 별이 떨어졌다는 이야기에서 낙성대라는 이름이 붙었다. 서울 관악산 기슭에 있다.

소배압의 거란군은 큰 피해를 입었지만, 아랑곳하지 않고 개경으로 진격했어. 그러자 강민첨이 추격해 서북면의 자주에서 큰 승리를 거두었고, 조원이 서경 부근의 마탄에서 또 한 번 1만 명의 거란군을 무찌르는 성과를 올렸어. 그래도 거란군은 포기하지 않고 이듬해 1월 개경으로 향했어. 강감찬은 1만 명의 군대를 재빨리 개경으로 보내 수비를 튼튼히 했지.

【 거란군을 물리친 귀주 대첩 】

개경의 수비가 강화되었다는 것을 안 거란군은 그제야 물러가기 시작했어. 고려군은 달아나는 거란군을 끝까지 추격해 괴롭혔단다.

2월에 거란군이 귀주를 지나갈 때, 그곳에서 기다리던 강감찬의 고려군과 치열한 전투가 벌어졌지만 쉽게 승부가 나지 않았어. 마침 개경을 지키던 군대가 달려와 합세했는데, 그때 갑자기 거란 진영 쪽으로 비바람이 몰아쳤어. 사기가 오른 고려군이 맹렬히 공격하자 거란군은 대열이 무너지고

뿔뿔이 흩어져 도망쳤어. 고려군이 그 뒤를 추격해 거란군을 무찔러 시체가 들판을 덮었고 수많은 거란 병사가 사로잡혔지. 살아서 돌아간 거란군은 겨우 몇천 명에 불과했으니, 거란군이 이렇게 심하게 패한 적은 없었다고 해. 거란 황제는 분노로 치를 떨었지. 이 전투를 '귀주 대첩'이라고 한단다.

【 안정을 찾은 고려 】

강감찬이 이끈 고려군이 이기고 돌아오자 현종은 개경 북쪽의 영파역까지 몸소 나가 맞았어. 현종은 잔치를 베풀고 황금으로 만든 꽃을 강감찬의 머리에 꽂아 주었단다. 그리고 이 일을 기념해 영파역의 이름을 의로움을 부

귀주 대첩 기록화

흥시켰다는 뜻에서 '흥의역'으로 고쳤다니, 현종과 고려 조정이 강감찬과 고려군의 승리를 얼마나 기뻐했는지 알 수 있지.

강감찬은 고려를 굴복시키려는 거란의 야욕을 완전히 꺾어 버렸어. 그 뒤로 거란은 고려를 침략하겠다는 의욕을 아예 잃어버렸지. 그래도 만일에 대비하여 강감찬이 건의한 대로 개경에 나성(외곽 성)을 쌓았어. 이렇게 해서 개경은 도성다운 면모를 갖추게 되었단다. 이후 강감찬은 수상인 문하시중에 올랐고 84세까지 장수했어. 거란의 세 차례 침략을 막아 낸 고려는 비로소 안정기로 접어들면서 전성기를 준비하게 되었지.

키워드 12 문종

고려의 황금기를 열다

너희들은 고려의 왕 가운데 누가 가장 기억나니? 그런데 조선의 왕들은 잘 알아도 고려의 왕은 잘 기억하지 못하는 것 같아. 조선의 역사에 비해 고려의 역사가 조금 낯설어서 그럴 거야. 조선의 왕들 가운데 세종 대왕이나 정조는 나라를 크게 부흥시킨 왕으로 유명해. 고려 시대에도 그에 못지않은 훌륭한 왕이 있었단다. 바로 고려의 전성기를 이끈 위대한 임금 문종이야.

【고려의 전성기를 열다】

문종 때는 거란과의 전쟁에서 입은 피해를 극복하고 평화와 안정을 찾아 경제적으로나 문화적으로나 번영을 누렸어. 고려는 문물의 황금기이자 문화의 전성기를 맞이해 중국에도 뒤지지 않는다는 자부심을 품게 되었지. 이처럼 고려의 국력이 뻗어 나가는 가운데 동아시아는 거란, 송나라, 고려 세 나라가 세력 균형을 유지하면서 평화와 번영을 누렸어.

그럼 문종이 어떤 일을 했는지 알아볼까? 문종은 먼저 전시과 제도를 완성했어. 이 제도는 현직 관리들에게 일정한 토지를 지정해 주고 그 땅에서 난 곡식을 세금으로 받을 권리를 주는 거야. 5품 이상의 관료들에게는 토지를 아예 떼어 주는 공음전 제도도 마련했어. 이렇게 해서 관리들을 제대로 대우할 수 있게 되었고, 나누어 줄 토지가 모자라는 문제도 해결되었어.

또한 문종은 현종 때 거란의 침략을 부처의 힘으로 막아 내고자 만들기 시작한 '초조대장경'을 거의 완성시켰단다. 문종의 아들 대각국사 의천은 초조대장경을 보완한 '속장경'을 만들었지.

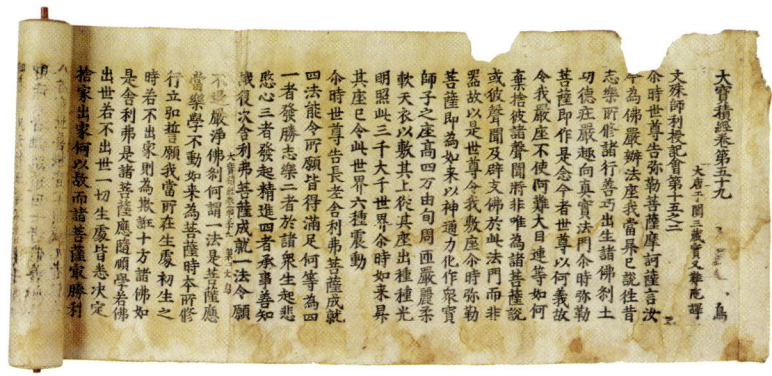

초조본 대보적경
현종 때 만든 초조대장경 중 하나이다. 대보적경이란 '보배처럼 귀한 가르침을 집대성한 경전'이라는 뜻이다. 국보 246호.

　12개의 사립 학교인 '사학 12도'도 문종 때 세워져 학문과 교육의 발전을 이끌었어. 외교에서도 거란의 압력을 벗어나 거란뿐 아니라 송나라와도 외교 관계를 맺게 되었지. 이 무렵 고려는 문호를 활짝 개방해서, 도읍인 개경과 예성강 하구의 국제 무역항 벽란도는 많은 외국 상인들로 북적거렸단다.

【 황제국 체제를 완성하다 】

고려의 임금은 시기에 따라 국왕이나 황제 또는 천자라 불렸어. 국왕은 한 나라의 왕을 의미했지만, 황제는 왕 중의 왕을 뜻했고 천자는 하늘의 명령을 받은 하늘의 아들이라는 뜻이었지. 그래서 아무리 임금이라도 황제나 천자라는 이름을 함부로 쓸 수 없었어.

　고려는 태조 왕건 이래 황제국 체제를 이루려고 노력했는데, 그 체제를 완성시킨 임금이 바로 문종이야. 성종 때 중국에서 3성 6부라는 황제국의 관직 체계가 들어와 문종 때 완성되었어. 3성은 재상급 기구이고, 6부는 행정부였어.

　무엇보다도 문종은 황제국의 작위 제도를 완성시켰단다. 공작·후작·백작 하면 중세의 서양 귀족을 떠올리는 사람이 많을 거야. 고려에도 그러한 작위가 있었는데, 바로 중국에서 들여온 황제국의 작위였어. 문종은 왕자들이나 사돈을 맺은 신하, 공을 세운 사람에게 공·후 같은 작위를 주었어. 고려 임금의 형제와 아들과 사위는 '친왕'이라고 불렸지. 이로써 고려의 임금은 스스로 황제로서 여러 왕을 거느린 왕 중의 왕이라는 것을 내세웠던 거야.

【 여진족을 지배하다 】

여진족은 우리나라 북쪽의 유목·농경 민족이었는데 하나의 국가로 통일되지 못하고 여러 부족으로 나뉘어 살고 있었어. 하지만 그들은 용맹할 뿐만 아니라 넓고 험한 땅에 흩어져 살았기 때문에 제아무리 강한 나라라도 여진족을 정복하기란 쉽지 않았지.

여진족은 고려가 황금기를 누리면서 국력이 뻗어 나가자 고려에 잇따라 복종해 왔어. 고려는 여진족의 땅을 직접 지배하기도 하고, 자치권을 주어 간접적으로 지배하기도 했어. 고려는 여진족이 조공을 바치면 답례로 선물과 고려의 직위를 내려 주었고, 그들은 보답으로 고려에 충성을 맹세했지. 여진족은 고구려·발해·고려를 섬겨 왔고 고려의 선진 문물을 수입했기 때문에 고려를 부모의 나라로 숭배했는데, 자기들의 대표적인 지도자가 고려 출신 함보(금나라의 시조)의 자손이어서 더 그랬던 거야. 요즘 역사학자들에 따르면 문종 때 고려의 영토는 두만강을 넘어 만주 깊숙이까지 뻗어 갔고, 옛 부여 지역인 송화강(쑹화 강) 유역에까지 고려의 힘이 미쳤다고 해. 만주 벌판을 지배했던 부여와 고구려의 영광이 고려 문종 때 다시 나타난 거지. 자, 이만하면 고려의 문종도 조선의 세종 대왕 못지않은 훌륭한 임금이라고 할 수 있겠지?

키워드＋ 사학 12도

고려 시대에는 공부를 어떻게 했을까

 너희들이 다니는 학교는 공립이니, 사립이니? 지금 우리나라 초등학교는 대부분 공립 학교야. 하지만 중학교로 올라가면 사립 학교가 많아지고, 고등학교로 올라가면 더 늘어나지. 우리나라에서 이렇게 사립 학교가 강세를 보이는 전통은 고려 시대에서 비롯되었다고 할 수 있단다.

 고려 때 공립 학교로는 고등 교육 기관인 국자감과 중등 교육 기관인 향교가 있었어. 국립 대학인 국자감은 개경과 서경에 하나씩 있었고, 오늘날의 중·고등학교에 해당하는 향교는 고을마다 있었지. 초등 교육 기관은 나라에서 따로 세우지 않았기 때문에 각자 알아서 집이나 작은 서당에서 학식 있는 어른에게 기초를 배웠어.

 공립이나 사립으로 딱히 구분하기 어렵지만, 절도 학교나 도서관 구실을 했어. 꼭 승려가 되지 않아도 절에서 글을 읽거나 스님에게 학문을 배울 수 있었던 거야. 공자를 숭배하는 유생들이 부처를 모시는 절에서 공부했다니, 좀 낯설지? 하지만 그것이 바로 불교와 유교가 공존했던 고려 시대의 특색이란다.

 그러면 고려 시대에는 국자감 말고 다른 대학은 없었을까? 바로 '사학 12도'가 있었어. 사학 12도는 12개의 사립 대학을 뜻하는데, 그중에서 맨 처음 학교를 세운 사람은 최충이었어.

 최충은 해주 향리의 아들로 태어난 신진 가문 출신의 인물로, 학문을 좋아하고 글을 잘 지어 과거에 장원으로 급제했지. 최충은 문종 때 문하시중에 올라 고려 왕조의 전성기를 이끌었던 사람이야. 조선 시대의 이방과 같이 지방의 하급 관리인 향리의 아들이 과거에 급제하고 높은 관직에 오를 수 있었던 것은 고려가 신분이나 가문보다 능력을 더 중시하는 사회였

개성 성균관 고려의 국립 대학은 처음에 국자감으로 불리다가 고려 말에 성균관으로 바뀌었다. 개성 시내 동북쪽에 있으며, 지금은 고려 박물관으로 사용하고 있다.

강화 향교 향교는 지방 관리와 서민 자제의 교육을 담당한 공립 중등 교육 기관이었다. 사진은 강화도 교동면에 있는 향교로, 유학자 안향이 이곳에 공자상을 들여와 모셨다는 이야기가 전해진다.

청자 붓꽂이와 벼루 고려 시대 문인들이 사용하던 문구 용품이다.

기 때문이야. 교과서에는 고려가 귀족 사회였다고 나오지만, 사실은 그렇지 않단다. 고려는 조선보다 훨씬 더 열린 사회였거든.

최충은 정치뿐만 아니라 교육에도 뜻을 두었어. 고려는 거란과 세 차례 전쟁을 치르고 그 피해를 이겨 내느라 교육과 학문에 힘쓸 겨를이 없었지. 국립 대학인 국자감도 위축되어 제구실을 하지 못했어. 교육과 학문이 뒤를 받쳐 주지 못하면 문화가 발전하기 어려워. 최충은 그것을 알고 나라를 대신하여 개경에 사립 학교를 세운 거야. 이 학교는 9개 반으로 이루어져서 '9재 학당'이라고 했어. 나중에는 최충의 시호를 따서 '문헌공도'라고도 했지.

학교를 세운 최충은 제자들을 모아 열심히 가르쳤어. 과거에 장원으로 급제했고 학문이 깊은 최충이 열성을 다해 가르친 덕분에 그 학교에서는 과거 급제자가 많이 나왔어. 해마다 여름철이면 절의 방을 빌려 학생들을 합숙시키고, 졸업생 중에서 과거 급제자를 불러 특별 과외를 시키기도 했지. 그래서 과거에 급제하는 학생은 더욱 늘어났어. 그때부터 과거에 급제하려면 이 학교에 다녀야 한다는 풍조가 생겨 입학생들이 줄을 이었단다.

최충의 학교가 큰 성공을 거두어 이름을 떨치자 학식이 깊은 유학자들이 개경에 줄줄이 사립 학교를 세워 '홍문공도', '정헌공도' 등 11개가 새로 생겨났어.

사학 12도를 세운 사람들은 대부분 신진 가문에서 일어나 자기 실력으로 높은 관직에 오른 인물들이었어. 여기에 다닌 학생들도 대대로 내려온 지체 높은 가문뿐만 아니라 신진 가문 출신이 많았으니, 학비가 국자감보다 많이 들었지만 귀족 학교는 아니었어. 사학 12도는 국자감과 서로 보완하며 고려를 이끌어 갈 인재를 길러 냈다는 데에 의미가 있었단다.

키워드 13 **삼경**

중앙과 지방의 균형

혹시 "사람은 서울로 보내고 말은 제주도로 보내라."는 속담을 들어 봤니? 말은 모르겠지만, 사람은 지금도 여전히 서울로 몰려들고 있지. 지방보다 서울에 학교나 일자리가 훨씬 더 많기 때문이야. 하지만 고려 때에는 그러한 경향이 덜했어. 중앙과 지방이 조화를 이루어 도읍을 개경 말고도 전국에 세 군데나 더 두었던 사실을 보면 잘 알 수 있단다.

【 자율성을 지닌 지역 사회 】

잠시 고려가 건국되기 이전 시대로 돌아가 보자. 신라 말기에 사회가 혼란스러워지자 중앙 정부의 힘은 몹시 약해진 반면 지방 세력인 호족이 성장해 지역 사회를 지배했지. 후삼국 시대에 중앙 정부의 힘이 어느 정도 회복되었지만, 호족과 지방의 힘은 여전히 강했어. 그러니까 신라 말기와 후삼국 시대는 호족의 시대이자 지방의 시대였던 셈이지. 고려가 후삼국을 통일하면서 중앙 정부의 힘이 많이 강해지긴 했지만 지방도 여전히 상당한 힘을 유지하고 있었어. 그 뒤 호족은 중앙으로 진출해 관리가 되거나 지방에 남아 향리가 되었단다.

현종 때 고려는 개경과 인근 지역을 제외한 전국을 7개 구역으로 나누었어. 중남부 지역에는 지금의 전라도·경상도 같은 '도'가 5개 있었고, 군사적으로 중요한 북쪽과 동해안 지역은 '계'라고 했어. 이것을 '5도 양계'라고 한단다. 이것은 영역이 가장 큰 지방 단위였지만 오늘날의 도청처럼 한 곳에 고정된 관청을 설치한 것은 아니어서 지배력은 그리 크지 않았어. 5도

여진

천리장성

■안북 도호부
북계
●서경
▲황주목
서해도   동계
교주도
안서 도호부
개경
●남경
▲광주목
양광도 ▲충주목
▲청주목 ■안동 도호부
▲상주목
경상도 ●동경
▲전주목
안남 도호부 ▲진주목
전라도
▲나주목

● 수도
● 3경
■ 도호부
▲ 목

〔5도 양계〕

는 행정적인 성격이 강했고, 양계는 각각 북쪽과 동쪽에 있어서 군사적인 성격이 강했지.

지방의 중심지에는 4개의 도호부와 8개의 목을 두었어. 도호부는 주로 군사 일을 보는 관청이고, 목은 주로 행정 일을 보는 관청이었지. 오늘날로 치면 도호부는 군 사령부에, 목은 도청에 가깝다고 보면 돼. 그보다 작은 행정 단위로는 군·현과 향·소·부곡이 있었어. 소는 수공업을 담당한 특이한 곳인데, 철을 생산하면 '철소', 도자기를 생산하면 '자기소', 먹을 생산하면 '묵소'라고 불렸지. 향·소·부곡은 군·현보다 천시되고 일반 세금 말고도 추가로 많은 부담을 졌기 때문에 살기가 무척 힘든 곳이었어. 그래서 그곳 백성들은 오랫동안 저항했고, 고려 말기로 가면서 점차 군·현으로 바뀌어 갔지.

이처럼 지방 조직이 갖추어졌지만 중앙이 지방을 일방적으로 지배하지는 못했어. 중앙 정부에서 지방에 관원을 본격적으로 파견하지 못해 지방관이 없는 고을이 많았기 때문이야. 정부에서 파견한 관리가 있다 해도 잠시 왔다 가는 지방관보다는 대대로 그곳에서 살아온 향리가 실질적으로 지역 사회를 지배했지.

고려의 먹 묵소에서 만든 고려의 먹은 송나라까지 이름이 알려질 정도로 유명했다.

삼경 79

고려의 서민 생활

삼국 시대까지는 방 한쪽만 데우는 쪽구들을 사용하다가 고려 때 집 전체에 온돌을 놓는 방식이 확립되었다. 땔감 걱정이 없는 고려의 상류층은 입식 생활을 주로 했지만, 땔감을 아껴야 하는 서민들은 열을 효율적으로 쓰기 위해 온돌을 사용하여 좌식 생활을 했다.

맷돌 곡식을 가는 데 쓰는 기구이다. 윗돌 구멍 뚫린 부분에 나무 손잡이를 끼워, 아가리에 곡식을 넣으면서 손잡이를 돌려서 간다.

질그릇 고려의 질그릇은 대부분 문양이 없는 것이 특징이다. 질그릇은 주로 일반 서민들이 사용했다.

작두 길고 두툼한 나무토막 위에 긴 칼날을 달고 그 사이에 짚이나 풀 따위를 넣어 발로 디뎌 가며 쓰는 연장이다.

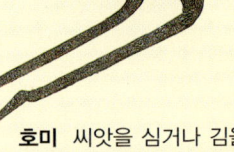

호미 씨앗을 심거나 김을 매고 땅속의 뿌리를 캐는 데 사용했다. 아랫부분에 나무 손잡이를 달아 쓴다.

《서민의 집》
오늘날의 원룸처럼 부엌과 방 사이에 벽이 없는 형태이다. 한 번 때는 불로 밥을 짓고 구들을 덥혀 난방도 할 수 있어 온돌이 발전했다.

쇠솥 　　　　쇠항아리

향리는 다양하고 개성 있는 지방 문화를 발전시킨 주역이기도 했어. 이처럼 고려는 중앙이 우위를 유지하면서 지방도 자율성을 지닌 덕분에 중앙과 지방이 균형과 조화를 이룰 수 있었단다.

【 개경과 삼경 】

지방에서 가장 위상이 높은 행정 단위는 무엇보다도 '경'이었어. 경은 도읍이나 서울을 말해. 지방에도 서울이 있다니 이상하게 들리지? 하지만 고려 시대에는 중앙 정부가 있는 도읍 개경 외에 지방에도 경이 있었어. 처음에는 송악에 건설된 개경만 있다가 곧 평양에 서경을 두었어. 이어서 경주에 동경을, 마지막으로 한양에 남경을 두었지. 이렇게 해서 중앙의 개경과 지방의 3경, 모두 합해 4경이

노인들의 경로 잔치 단풍 든 개경의 송악산과 그 아래 고려의 왕궁이었던 만월대 터에서 잔치를 벌이는 노인들의 모습을 그린 김홍도의 그림이다. 조선 시대에 그려졌지만 고려 시대의 도읍이었던 개경의 풍경을 엿볼 수 있다.

고려 대궐 복원 모형 개성 고려 박물관에 전시되어 있는 것으로, 고려의 대궐 중에서 회경전 구역을 복원한 모형이다. 맨 아래쪽 건물이 신봉루이고 그다음이 창합문, 33계단, 회경전이다.

회경전 터
회경전은 고려 대궐에서 가장 지위가 높은 건물로, 주요 행사가 열리는 공간이었다.

회경전 터에서 출토된 고려의 기와

있게 된 거야.

　고려 땅에 자리 잡은 4개의 도읍은 각각 의미가 있었단다. 먼저 태조 왕건의 고향인 개경은 고려 왕조의 정통성을 상징했어. 고구려의 옛 도읍 평양에 세운 서경은 고구려를 계승한다는 뜻이 있었지. 또한 동경은 신라의 옛 도읍 경주에 세웠으니 신라를, 남경은 백제의 옛 도읍 한양에 세웠으니 백제를 계승한다는 뜻이 있었지. 그러니까 지방의 3경은 단순히 지방 중심지에 그치지 않고 고려가 고구려·신라·백제를 모두 계승했다는 사실을 생생히 보여 주는 역사의 현장이었던 거야. 물론 고려는 고구려 계승을 가장 중시했으므로, 지방 3경 중에서는 서경의 위상이 가장 높았단다.

　지방 3경은 해당 지역을 지배하며 지방의 정치·행정·군사·문화의 중심지 역할을 했어. 그리하여 권력이 지나치게 중앙에 몰리지 않고 지방에 골고루 나뉠 수 있었단다. 그 무렵에는 황제의 나라 아니면 큰 나라에서나 여러 '경'을 둘 수 있는 것으로 여겼기 때문에, 나라에 4경을 둔 것은 고려의 자부심을 드러내는 것이기도 했어.

　예전에 16대 노무현 대통령이 수도를 서울에서 충청도로 옮기겠다고 해서 갈등이 심해진 적이 있었어. 그러다가 결국엔 서울이 수도의 지위를 유지하되 나라의 중요한 기관들은 충청도로 옮겨 그곳을 행정 복합 도시로 만든다는 것으로 결론이 났지.

　당시에 수도를 옮겨야 한다는 말이 나온 까닭은 서울을 중심으로 한 수도권에 나라의 힘이 지나치게 몰려 있고, 그 때문에 지방의 힘이 점점 약해졌기 때문이야. 이 문제를 해결하려면 중앙 정부와 지방에 골고루 권한을 나누어 주었던 고려 시대를 거울 삼아 중앙의 권한을 지방에 많이 넘겨주어야 하지 않을까?

고려의 상류층 문화

고려의 상류층은 금, 은, 청자, 나전 등으로 만든 화려한 생활용품을 즐겨 썼다. 죽은 뒤에는 화장을 하여 유골을 절에 모셔 두었다가 석관에 넣어 묻었다.

은제 도금 탁잔 은으로 만든 뒤 금을 입힌 잔과 잔받침이다.

나전 합 조개껍질을 잘라 여러 가지 문양으로 박아 넣어 만든 합으로, 보석 같은 귀중품을 넣어 둔 것으로 짐작된다. 나전 합의 뚜껑 윗면이다.

청자 대접 얇으면서도 세련되고 견고해 보이는 이 그릇들은 지배층이 사용한 실생활용품이다.

청자 상감 도판 뒷면에는 유약이 입혀지지 않고 장식도 없이 거친 것으로 보아 실내의 벽을 장식했던 타일로 추정된다.

청자 베개 고려 시대에는 이런 베개 말고도 의자, 문구 용품, 화분까지 청자로 만들 만큼 청자가 일상적으로 쓰였다.

사신무늬 석관 시신을 화장한 뒤 유골을 담은 관이다. 옆면에 보이는 청룡을 비롯하여 백호, 주작, 현무의 사신이 4면에 새겨 있다. 가로 약 80cm, 세로 약 45cm, 높이 약 35cm.

자물쇠 양쪽을 연꽃 봉오리로 장식한 화려한 자물쇠이다. 상류층 집에서 썼던 것으로 보인다.

머리꽂이 여인의 머리를 장식하는 데 썼다.

동곳 머리 위로 틀어 올린 상투가 풀어지지 않도록 고정시키기 위해 꽂는 남자용 장신구이다.

꾸미개 옷가지를 꾸미는 장신구로 보인다.

반지 · 브로치 · 귀이개 귀이개를 금으로 장식한 것으로 보아 상류층 여인들이 얼마나 화려한 생활을 했는지 알 수 있다. 귀이개는 장식용 머리꽂이로도 사용했던 것으로 보인다.

고려의 상류층 여인 재현도

비단 조각 비단에 줄기와 잎, 꽃 들이 아름답게 수놓여 있다.

거울 걸이

키워드 14 벽란도

'코리아'를 세계에 알리다

우리나라의 영어 이름인 '코리아(Korea)'는 고려에서 나왔다고 해. 백제나 신라가 아니라 우리 민족을 본격적으로 통일한 고려에서 왔으니까 그 이름에 담긴 의미가 깊다고 볼 수 있지. 그런데 고려를 코리아로 알린 창구가 있었으니, 바로 개경의 국제 무역항이었던 벽란도란다.

【 국제 도시 개경 】

신라 말기에 해상왕 장보고가 완도에 청해진을 세우고 해상 무역을 주름잡은 사실은 너희들도 잘 알고 있지? 장보고는 정치 싸움에 휘말려 아깝게 죽고 말았지만, 해상 무역은 우리나라 남해안과 송악(개경)을 비롯한 서해안

지역에서 활발하게 이어졌어. 특히 예성강 일대는 중국의 산동반도(산둥 반도)와 가까워서 중국과 크게 무역을 했지.

송악의 왕건 집안 또한 할아버지 대부터 해상 무역으로 큰 재산을 모았어. 그리고 왕건은 장군이 되어 해상 전투에서 뛰어난 능력을 보여 주었지. 이런 배경을 둔 왕건이 고려를 세우고 송악을 도읍으로 정했으니, 자연스레 고려는 무역과 외교를 중요시하게 되었어. 후삼국을 통일한 뒤에는 더욱 그랬지. 이때부터 개경은 국제 도시로 번창했단다.

해상 무역이 발달한 고려에서 도읍 개경은 자연스럽게 나라의 핵심인 수도로서 정치·경제·군사·문화의 중심지였을 뿐만 아니라, 외교와 무역을 이끄는 국제 도시가 되었어. 오늘날 서울의 종로같이 중요한 거리였던 개경의 남대가는 그 무렵 고려에서 가장 번화한 상점 거리였어. 남대가에는 시전이라는 상점들이 죽 늘어서 있었는데, 기둥이 무려 1,008개나 되는 행랑(방을 여러 개 길게 이어 붙인 건물)으로 연결되어 있었대.

개경의 시장 거리

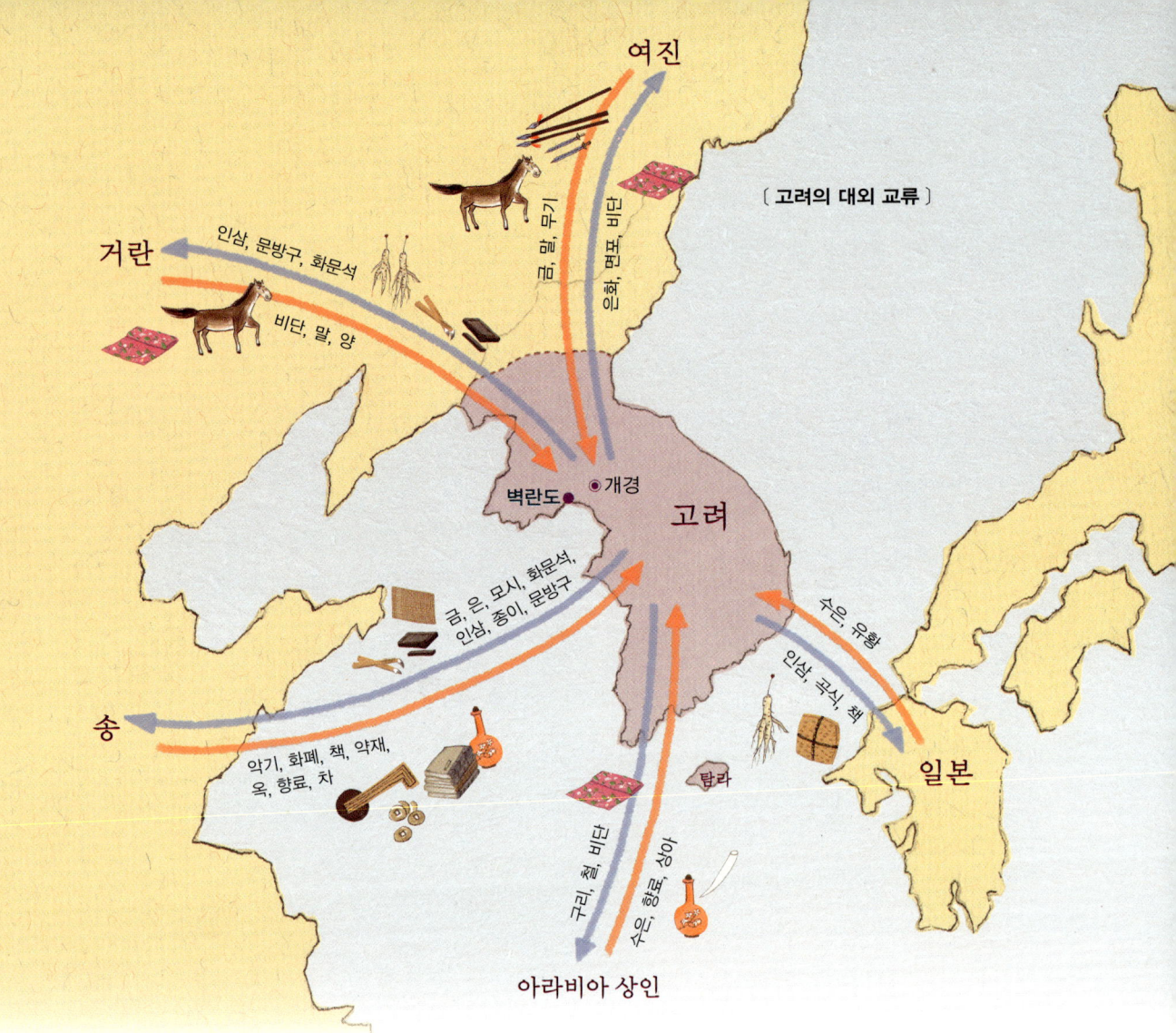

개경의 거리는 중국인·거란인·여진인·일본인·탐라인(제주는 이때 탐라 왕국이라는 외국이었단다.) 등 외국인으로 북적댔으며, 더러 아라비아 사람들도 눈에 띄었지. 고려 사람이 된 외국인도 꽤 있었는데, 아무래도 선진국 출신인 중국인이 가장 대접을 잘 받았어.

국제적인 감각을 지닌 고려인들은 외국인을 무시하지 않고 높은 관직에 등용하여 활용했어. 지금 우리나라 국회의원이나 고위 관리 가운데 귀화한 외국인이 있을까? 거의 없단다. 이런 점을 보면 고려인들이 얼마나 국제적으로 열린 시각을 지녔는지 알 수 있지.

외국 외교관과 상인들은 자기들을 위해 지어진 숙소에서 지내며 개경 곳곳에 있는 상점을 통해 활발한 교역을 할 수 있었어. 특히 중국 송나라 사신이 머물던 순천관은 개경의 대명궁을 개조한 것이라 경관이 빼어났다고 해. 순천관은 고려 말 공민왕 때 국립 대학인 성균관으로 바뀌었고, 지금은 북한에서 고려 박물관으로 쓰이고 있단다.

고려의 배
전라남도 완도 앞바다에서 발견된 고려의 배를 복원한 모형이다.

【 국제 무역항 벽란도 】

개경이 국제 도시가 된 것은 주변의 물길이 잘 발달했기 때문이기도 했어. 개경은 도시의 삼면이 강으로 둘러싸여 있어서 수로 교통이 아주 편리한 곳이었지. 벽란도는 개경 서쪽에 흐르는 예성강의 항구로, 물길을 타고 개경으로 들어오는 배들이 모여드는 중요한 장소였단다. 고려 시대에 세금과 특산물은 배에 실어서 바다와 강을 통해 개경으로 날랐는데, 역시 벽란도에서 짐을 내려야 했지.

국제 무역항 벽란도에는 중국인·일본인·탐라인을 비롯해 대식국, 즉 아라비아의 상인들까지 교역을 위해 드나들었어. 고려는 금·은·인삼·베·화문석(꽃 모양을 놓아서 짠 돗자리)·종이·먹 등을 수출하고, 비단·약재·향료·차·옥 등을 수입했어.

벽란도에 드나들던 상인 가운데 아라비아 사람들이 서양과 교역하면서 고려라는 동양 나라가 서양에 알려졌지. 이렇게 해서 고려가 서양에 '코리아'로 알려지게 된 거란다.

신안선에서 나온 유물들

1323년 중국 저장 성 닝보에서 일본으로 항해하던 중국 무역선이 고려의 연안에서 침몰하였다. 1976년 전라남도 신안 앞바다에서 발견된 이 무역선과 여기에서 나온 유물을 통해 14세기 동아시아의 무역과 교류 관계를 알 수 있다.

등잔

청동 추 중국 원나라 때 가장 많이 사용한 저울추이다. 저울대 한쪽에 걸거나 저울판에 올려놓고 무게를 재는 데 썼다.

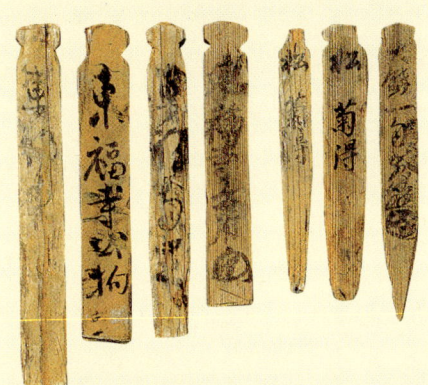

목간 배에 실려 있던 화물의 꼬리표로 사용된 목패이다. 화물 주인의 이름, 날짜, 화물의 종류와 무게, 수량 등이 적혀 있어서 신안선의 출발지와 목적지, 도자기의 제작 연대 등을 알 수 있다.

후추와 계피 송나라 때 이후 향료는 동아시아에서 크게 인기를 끌었다. 중국은 동남아시아에서 후추 같은 향료를 수입하여 고려와 일본에 수출했다.

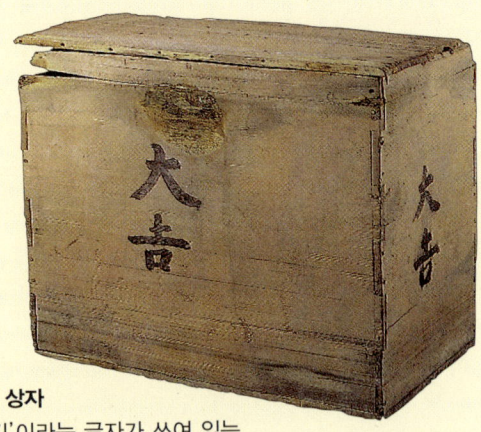

중국 동전 당시 일본에서는 화폐를 주조하지 않아 중국에서 동전을 수입했다.

나무 상자 '대길'이라는 글자가 쓰여 있는 상자로, 후추나 자기 따위를 담는 데 사용한 것으로 짐작된다.

신안선 복원 모습 본래 길이가 34미터이고 폭은 11미터, 높이 4미터, 무게 200톤 규모의 범선으로 추정되는데, 그중 일부만이 복원되었다.

청자 여인상 촛대 청자 연꽃잎을 어깨에 메고 있는 여인의 모습을 통해 당시 중국에서 유행한 머리와 복식 형태를 알 수 있다.

신안선에서 발견된 고려청자
고려청자는 중국의 청자 수준을 크게 앞질러 중국 사람들도 고려청자를 천하제일로 인정했다. 신안선에서 발견된 7점의 고려청자는 중국에 먼저 수출되었다가 중국에서 일본으로 다시 수출한 것으로 짐작된다.

청자 항아리 원나라의 청자로, 뼈단지나 사리 용기로 쓰였던 것으로 보인다.

2 변화를 향한 도전

고려 왕조는 12세기에 이자겸 정변, 묘청 정변, 무신 정변, 무인 정권 등이 이어지면서 위기를 맞는단다. 그래서 12~13세기의 고려를 부정적으로 생각하는 사람들이 많지. 하지만 다르게 생각하면 이 시기는 변화와 발전의 시기였다고 볼 수도 있어. 옛것을 바탕으로 새 것을 만들어 내야 발전하는 법인데, 이 시기가 바로 그런 시도를 한 때였거든. 과연 어떤 변화가 있었는지 궁금하지 않니?

키워드 15 　　해동통보

화폐를 보급하다

고려는 나라가 세워지고 150여 년이 흐른 뒤 11대 문종 때 전성기를 맞이했어. 하지만 역사는 끊임없이 변하는 거야. 고려 사회는 차츰 변화를 겪으면서 옛 제도로는 다스리기 어려운 문제들이 생겼어. 게다가 왕 자리를 둘러싼 다툼이 보태져 더욱 혼란스러워졌지. 문종의 아들 계림공은 왕위에 오르자 새로운 법을 시행하여 위대한 고려를 다시 세우려고 했어. 그 과정에서 해동통보가 만들어져 중요한 구실을 했단다.

【 부국강병을 위한 신법 】

문종의 셋째 아들 계림공은 1095년 정변을 일으켜, 왕이 된 지 1년밖에 안 된 조카 헌종을 몰아내고 왕위에 올랐어. 바로 15대 숙종이야. 숙종은 비록 무력으로 왕위를 차지하긴 했지만 아버지 문종만큼 나라를 잘 다스리기 위해 온 힘을 쏟았어. 숙종은 능력만 뛰어나면 신진 가문 출신이든 장인과 상인, 노비처럼 벼슬길이 막혀 있는 신분이든 가리지 않고 과감하게 관리로 뽑았지.

　하지만 숙종 혼자 힘으로 나라를 이끌 수 있었던 것은 아니야. 숙종의 동생이자 승려인 의천은 숙종이 왕위에 오르도록 힘껏 도왔어. 파평의 신진 가문 출신으로 과거에 급제하여 관료가 된 윤관도 숙종의 신임을 받으며 왕의 뜻을 이루려 노력했지. 이렇게 숙종과 의천과 윤관은 새로운 시대에 걸맞은 새로운 정치를 펼치기로 힘을 모았단다.

　숙종을 비롯해 의천과 윤관은 옛 제도와 다른 새 정책들을 만들어 냈어.

이 정책을 '신법', 곧 새로운 법이라고 했단다. 숙종이 왕위에 올랐을 때, 문종 때 완성된 옛 제도는 완벽한 것이니 고치지 말자는 사람들이 많았어. 하지만 숙종을 비롯하여 의천과 윤관은 옛 제도는 생명력이 다했기 때문에 다른 것으로 바꾸어야 한다고 주장했지.

신법은 부국강병을 위한 정책이었어. 나라를 부유하게 하고 군사력을 강화함으로써 고려를 천하의 중심에 세우려는 것이었지. 그러기 위해서는 먼저 농업과 수공업을 발달시키고 상업과 무역을 더 활발하게 해야 했어. 또한 권세가가 세금을 빼돌려 나라 재산을 축내는 것도 막아야 했지.

【해동통보를 발행하다】

당시 고려 사람들은 필요한 물건이 있으면 쌀이나 베를 갖고 시장에 가서 바꾸어 왔단다. 나라의 세금도 쌀과 베로 걷었지. 6대 성종 때 이미 쇠로 만든 철전과 숙종 때 은으로 만든 은병이 있었지만, 널리 쓰이지는 못했어. 철로 만든 건원중보는 우리나라 최초의 금속 화폐였지만 녹이 슬기 쉬웠고, '활구'라고 불린 은병은 가치가 너무 높아서 주로 지배층에서만 쓰였기 때문이야. 또 사람들은 이전 방식에 더 익숙해서 화폐를 사용하는 데 큰 불편을 느꼈단다.

만약 화폐가 널리 유통된다면 더욱 편리하고 정확하게 거래할 수 있었을 거야. 그러면

건원중보

무문철전

은병

은병과 철전 996년에 만들어진 건원중보는 우리나라 최초의 금속 화폐로, 앞면에는 건원중보, 뒷면에는 '동국'이라는 글자를 새겼다. 1101년에 은 한 근으로 고려 지형을 본떠 만든 은병은 주둥이가 넓어 '활구'라고도 한다.
은병 한 개의 교환 가치는 무려 쌀 10~50섬쯤 되어 일반 백성들은 거의 쓸 일이 없었다.

자연히 상업이 크게 일어나 나라 살림을 튼튼히 할 수 있었겠지. 또 그러한 경제력을 바탕으로 힘을 키워 고려를 천하의 중심에 서는 나라로 만들 수도 있고 말이야.

대각국사 의천은 화폐의 이런 좋은 점을 알고 있었어. 그래서 숙종에게 화폐를 만들어 널리 유통시키자고 상소를 올렸단다. 윤관의 지휘 아래 드디어 화폐가 만들어졌는데, 동(구리)으로 만든 우리나라 최초의 동전이었어. 숙종은 동전이 나라를 이롭게 하고 백성을 잘살게 할 물건이라 여겼어. 그리고 해동(고려)에 널리 통용되는 보배라는 뜻으로 '해동통보'라고 이름을 지었단다.

【 보급에 어려움을 겪다 】

동으로 만든 해동통보는 녹이 잘 슬지 않았을 뿐만 아니라 가치가 철전보다는 높고 은병보다는 낮아서 사용하기에 적당했어. 그래서 숙종은 해동통보를 보급하기 위해 많은 노력을 기울였어. 개경과 서경에 상점을 열어 동

해동통보 숙종은 해동통보를 널리 유통시키기 위해 관리와 양반들에게 해동통보를 나누어 주고 백성들에게는 동전으로 음식과 술 등을 사 먹게 했지만, 화폐는 여전히 낯설었다.

전으로 술과 음식을 사 먹을 수 있게 함으로써 화폐의 편리함을 알리고, 그런 상점을 전국의 백성들에게 열도록 장려했지. 또한 남경을 상업과 무역의 중심지가 되게 했어.

그렇지만 해동통보도 고려 사회에 쉽게 퍼지지 못했어. 그 무렵에는 국토가 좁은 데다 상공업이 충분히 발달하지 못해서 화폐가 있어도 쓸 일이 썩 많지 않았던 거야. 그리고 사람들은 여전히 거래할 때 쌀과 베를 이용하는 것이 더 익숙해서 동전을 잘 쓰려고 하지 않았지.

고려 사람들도 여느 시대 사람들과 마찬가지로 금과 은을 좋아했어. 그중에서도 아주 귀한 금보다는 은이 화폐로 각광받았단다. 그래서 해동통보가 나온 뒤

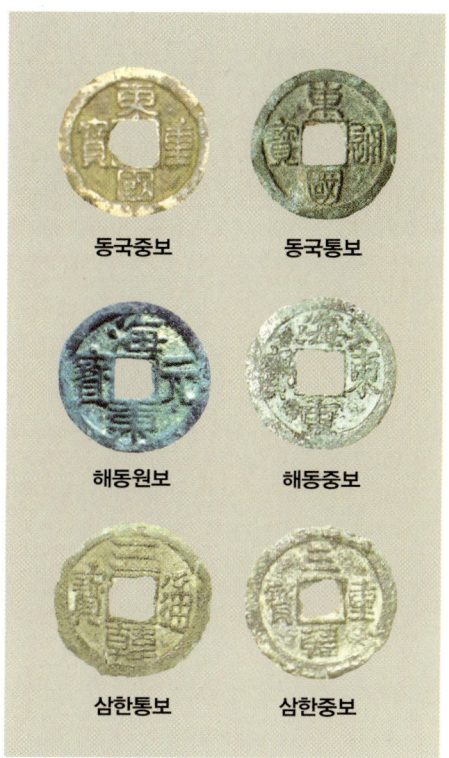

고려 시대 화폐 고려 시대에는 건원중보와 해동통보 이외에도 동국중보, 동국통보, 해동원보, 해동중보, 삼한통보, 삼한중보 등 8종이 주조되었다. 읽는 방법이나 서체가 다른 것까지 합치면 모두 100여 종에 이른다.

에도 은이 화폐로 많이 쓰였지. 지배층에서는 은병, 은 조각, 은전(은화) 등 다양한 형태의 은이 화폐로 쓰이고, 서민층에서는 주로 베가 화폐로 쓰이는 바람에 동전인 해동통보는 제대로 자리 잡지 못했어.

고려 시대에는 금속 화폐로 동전보다 은화가 더 많이 쓰였어. 원나라의 지배를 받던 시기에는 고려가 원나라의 세계 무역권에 속해서 종이로 만든 원나라 지폐를 사용하기도 했지. 동전이 많이 쓰인 것은 조선 시대에 가서란다.

키워드 16 불교

고려 사람들의 마음을 사로잡다

종교는 사람들의 마음에 위안을 주고 삶에 큰 가르침을 주기 때문에 지금도 많은 사람들이 믿고 있지. 과학이 발달하지 못한 옛적에는 종교의 힘이 지금보다 훨씬 더 컸단다. 오늘날 우리나라에는 기독교·불교·유교 등 여러 가지 종교가 있지만, 국가가 어느 하나를 으뜸 종교로 정해 두지는 않지. 하지만 고려는 불교를 국가의 종교로 삼았어. 그럼에도 고려 시대에는 다양한 종교와 사상이 함께 어울려 발전했단다.

【고려의 불교는 어떠했을까】

고려 사람들은 불교와 함께 일생을 보냈어. 부모는 아기를 낳게 해 달라고 부처님께 기도했고, 아기가 태어나면 스님이 축복해 주었어. 아이가 자라서 승려가 되면 가족과 나라가 복을 받는다고 생각했지. 승려가 아닌 유학자가 되더라도 여전히 불교를 믿었어. 그리고 사람이 세상을 뜨면 불교식으로 화장했고, 장례를 치른 지 100일이 지나면 절에 가서 향을 피우고 제사를 지냈단다.

나라와 왕실에서도 불교 행사를 자주 열었어. 연등회와 팔관회는 물론이고 자연재해나 전쟁이 일어났을 때, 전염병이 돌 때도 불교 법회를 열어 나라와 백성을 지켜 달라고 부처님께 기도를 올렸단다. 태조 왕건도 '훈요 10조' 첫머리에서 고려를 세우고 후삼국을 통일한 것은 부처님의 덕이므로 전국 곳곳에 사찰을 세웠다고 했었지.

불교가 이처럼 중요한 역할을 했지만, 국가는 백성들에게 불교만 믿으라고 강요하지는 않았어. 유교나 도교, 풍수지리설, 민간 신앙 등 다양한 신앙과 사상을 인정한 거야. 이처럼 고려는 다양한 문화가 서로 어울려 발전하는 '다문화 사회'였단다.

불교는 후삼국 통일 이후의 지역 간 충돌, 유교와 도교 등 여러 종교 간의 대결, 지배층과 피지배층의 알력 등 고려 사회의 여러 가지 갈등을 조절하는 기능을 했어. 나아가 같은 불교 문화권인 중국, 북방 종족, 일본과의 갈등을 완화하는 기능도 했지.

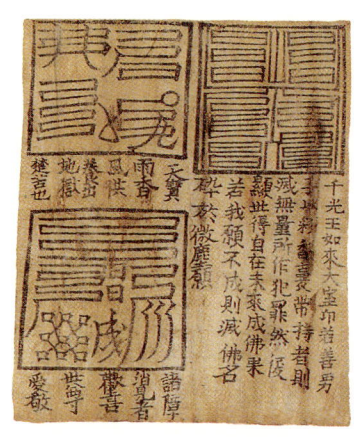

부적 고려 시대에는 불교뿐만 아니라 유교, 도교, 민간 신앙 등이 서로 어우러져 발전했다. 고려 사람들의 민간 신앙을 보여 주는 부적에는 몸에 지니고 있으면 죄를 용서받고 미래에 부처가 된다는 내용이 담겨 있다.

파주 용미리 석불
거대한 천연 암벽에 새긴 우람한 석조 불상이다. 13대 선종이 자식이 없어 걱정하다가 이 불상을 새기고 절을 지어 불공을 드린 뒤에 왕자를 얻었다는 이야기가 전해진다. 보물 93호.

불교 99

통도사 장생표 절이 소유한 땅과 일반 사람들의 땅을 구별하기 위해 그 경계 지역에 세운 표지 돌을 장생표라 한다. 통도사는 4만 7천 보에 이르는 영역에 모두 12개의 장생표를 세웠다. 이를 통해 절이 땅을 많이 소유했으며, 높은 지위를 누렸다는 것을 알 수 있다. 보물 74호.

 전국에 있는 절에서는 종이, 옷감, 기와, 차, 술 따위를 만들었는데 품질이 아주 뛰어났다고 해. 종교 수행을 하는 절에서 이렇게 물건을 많이 만들어 판 까닭은 절을 운영하는 데 드는 비용을 마련하고 먼 길을 오가는 여행자들에게 음식과 숙소를 제공하기 위해서였어.
 하지만 일부 절은 지나치게 많은 토지와 노비를 소유하고, 농민들에게 곡식을 꾸어 주고는 터무니없이 높은 이자를 받는 고리대를 행해 농민 경제에 큰 피해를 주기도 했어. 또 어떤 승려는 마음대로 백성들을 동원해 절을 짓기까지 해서 문제가 되기도 했지.
 고려에서는 스님을 존경해 승려가 되려는 사람들이 많았어. 하지만 승려가 되기란 쉽지 않았어. 승려가 될 사람은 어려서부터 절에 들어가 고된 수련 생활을 해야 하고, 승과라는 과거 시험도 치러야 했거든. 시험에 합격해 공식적인 승려가 되면 일반 관직처럼 차례차례 승진을 했는데, 승려 중에서 권위가 가장 높은 스님은 왕의 스승인 '왕사'와 나라의 스승인 '국사'였어. 국왕도 스승인 왕사와 국사에게 절을 했단다. 하지만 왕사와 국사를 임명하는 사람이 국왕인 데다 나라에서 불교 사원과 승려를 관리했기 때문에 불교가 국가보다 더 위에 있지는 않았어.

수월관음도 둥근 광배를 배경으로 바다에서 솟아올라 온 연꽃을 밟고 앉아 있는 관음보살을 그린 불화이다. 고려의 불화는 아름답고 기품이 있으며 섬세한 묘사가 뛰어나 중국이나 일본에서도 인기가 많았다고 한다. 현재 일본에 소장되어 있다.

【 천태종이 열리다 】

지금의 인도에서 탄생한 불교는 오랜 세월을 거치면서 여러 가지 형태로 나뉘어 발전했어. 그중 한국·일본 등 동북아시아에서 주로 유행한 불교는 교종과 선종, 밀교(비밀 불교)였지. 이 종파들은 모두 부처님의 말씀을 배워서 깨달음을 얻는 것이 목적이었어. 단지 종파마다 깨달음을 얻는 방법이 달랐을 뿐이야.

고려 불교에서 세력이 가장 큰 종파는 교종과 선종이었어. 교종에서는 불경 공부를 많이 하면 깨달음을 얻을 수 있다고 믿었어. 반면 선종에서는 불교 경전에 기대지 않고 참선을 통해 깨달음을 얻으려고 했지. 자연히 책보다는 말과 행동과 마음으로 가르침을 주는 스승을 귀하게 모셨단다. 밀교는 의식을 치르고 주문을 외우는 신비한 방법을 중요하게 여겼어.

이렇게 고려에서는 여러 불교 종파가 저마다 전통을 이어 가고 있었단다.

선암사와 대각국사 의천 영정 전라남도 순천에 있는 선암사는 선종 때 대각국사 의천이 크게 고쳐 지은 절이다. 이 절은 선종과 교종을 아우르는 대표적인 사찰로, 조계산을 사이에 두고 송광사와 쌍벽을 이루었다. 이곳에 대각국사 의천의 영정(보물 1044호)이 모셔져 있다.

묘법연화경 『묘법연화경』을 줄여서 '법화경'이라고 한다. 우리나라 천태종의 근본 경전으로, 부처가 되는 길은 누구에게나 열려 있다는 것을 기본 사상으로 한다. 『묘법연화경』을 고려 말 공민왕 때 은으로 정성 들여 옮겨 쓴 것이다. 모두 7권이며 각 권은 작은 병풍처럼 펼쳐서 볼 수 있는 형태로 되어 있다. 국보 185호.

 그러다 보니 서로 세력을 다투며 대립하는 일도 잦았어. 일부 고려 사람들은 교종과 선종이 지나치게 경쟁하고 대립하다 보면 나라의 안정을 해칠 수 있다고 보았어. 그래서 승려 의천은 서로 대립하고 있던 교종과 선종을 조화롭게 만들고자 했단다. 의천은 중국 수나라 때 생겨난 천태종이라는 종파를 고려에 들여왔어. 천태종은 불경 공부와 참선 중 어느 하나가 더 중요한 것이 아니라 둘 다 두루 익혀야 한다고 생각한 종파였기 때문이지.

 의천은 고려 불교를 통합시키기 위해 천태종을 새로 세웠지만 그리 성공하지는 못했어. 왕의 동생인 의천이 천태종을 열자 다른 승려들이 마지못해 따랐다가 의천이 죽자 대부분 흩어지고 다시 대립하고 말았거든. 하지만 천태종은 새로 생긴 종파로서 고려의 불교가 다양하게 발전하는 데 큰 역할을 했단다.

불교 103

고려의 불교 문화

고려 시대에는 불교가 이전보다 더 대중화되어 의례용 도구가 발달했고, 불상과 불탑 모양도 다양해졌다. 불교 경전을 베껴 쓰는 사경과 불교를 주제로 그린 불화도 많이 제작되어 불교 문화를 꽃피웠다.

금강령 불교 의식에 사용되는 도구로, 여러 부처를 기쁘게 하고 중생을 깨우치기 위해 울리는 종이다.

향로 마음의 때를 씻어 준다는 향을 피우는 데 사용했다. 보물 334호.

지팡이 장식 승려의 필수품 중 하나인 지팡이에 다는 장식이다.

고려의 국사 재현도

은으로 만든 사리 합 시신을 화장하여 나온 사리를 담은 용기를 이 안에 넣은 것으로 보인다.

물가 풍경무늬 정병 정병은 원래 깨끗한 물을 담아 승려가 지니고 다니던 물병인데, 점차 부처님 앞에 깨끗한 물을 바치는 공양 도구로 사용했다. 국보 92호.

화엄경 그림 보현보살이 선재동자에게 부처의 공덕을 얻기 위해 닦아야 할 10가지 계율을 설법한 내용을 담은 그림이다. 검푸른 종이에 금가루를 사용하여 그림을 그리고 글씨를 썼다. 보물 752호.

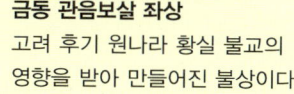

금동 관음보살 좌상
고려 후기 원나라 황실 불교의 영향을 받아 만들어진 불상이다.

천흥사 종 고려 시대를 대표하는 범종으로, 현재 국립 중앙 박물관에 소장되어 있다. 국보 280호.

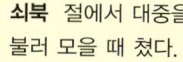

쇠북 절에서 대중을 불러 모을 때 쳤다.

부처를 모신 작은 집 여닫이문을 만들어 내부에 불상을 모신 작은 불당이다. 절에 가지 않아도 어디에서든 예불을 드리기 위해 만든 것이다.

키워드 17　동북 9성

여진족을 정벌하다

중국의 동북 지역에 자리 잡은 만주는 고조선 때부터 일제 시대까지 우리 역사와 관련이 깊은 곳이야. 그런데 중국은 만주에 있었던 여러 나라의 역사를 모두 자기네 역사라고 주장하고 있어. 하지만 역사를 살펴보면 알 수 있듯이, 만주는 오랫동안 우리 민족과 여진족이 살던 땅이었어. 그리고 잘 알려지진 않았지만 고려도 만주까지 뻗어 나간 적이 있단다. 윤관이 여진족을 정벌하고 동북 9성을 쌓을 때였어.

【 고려와 가까웠던 여진족 】

여진족은 핏줄과 말이 중국과는 많이 달라. 오히려 우리와 가깝지. 우리와 사촌 사이라고나 할까. 여진족은 고구려와 발해 때부터 벌써 우리와 깊은 관계를 맺어 왔어. 태조 왕건이 후삼국 통일 전쟁을 치를 때 여진족 부대를 불러올 정도로 고려는 일찍부터 여진족에게 힘을 미쳤지.

여진족은 고려에 공물을 바치고 식량이나 옷감, 농기구, 무기 따위의 하사품과 벼슬을 받았어. 그리고 여진족 중에서 가장 세력이 큰 부족인 완안부의 지도자가 고려 출신의 후예였어. 그래서 여진족은 고려를 큰 나라로 섬기고, 더 나아가서는 부모의 나라로까지 여겼단다.

여진족의 옥 장식 여진족은 옥 가공 기술이 뛰어나 많은 옥 세공품을 만들었다. 봉황 두 마리가 정확하게 대칭을 이루는 수준 높은 옥 장식품이다.

고려는 고구려를 계승하기 위해 옛 고구려 땅이 있는 북쪽으로 계속 밀고 올라갔어. 그래서 그곳에 살고 있던 거란의 침략을 받기도 했지. 그러나 서희와 양규, 강감찬 같은 사람들이 외교와 군사력으로 거란의 침략을 잘 막아 냈단다. 그러자 여진족은 고려를 더욱더 따르게 되었어. 고려의 황금기인 문종 때는 일부 여진족을 고려 사람으로 만들어서 직접 지배하기도 하고, 간접적으로 지배하기도 했지. 그렇게 해서 고려의 힘이 미치는 지역은 두만강을 넘어 만주까지 뻗어 나가게 되었단다.

여진의 청동 거울

【 여진을 정벌하다 】

여진족은 고려를 섬기면서도 스스로 힘을 길러 점차 고려에 반항하기 시작했어. 그중 만주 송화강 가에 사는 완안부 부족은 세력을 넓혀 두만강까지 내려오기도 하고 군사를 보내 고려로 가려는 다른 부족을 뒤쫓기도 했어. 그러자 고려의 숙종은 장수 윤관에게 여진을 정벌하라는 명령을 내렸지. 하지만 윤관은 여진족에게 지고 돌아왔어.

윤관은 숙종에게 고려의 기병이 약해서 여진족에게 진 거라고 아뢰었어. 넓은 초원에 사는 여진족은 어릴 때부터 말을 타고 생활하기 때문에 자연히 기병이 강했어. 그에 견주어 고려 군사들은 대부분 보병이었거든. 따라서 여진족을 이기려면 새로운 군대가 필요했지. 그래서 만들어진 부대가 '별무반'이란다. 별무반에는 일반 백성은 물론이고 노예와 승려까지 포함되었는데, 특히 기병을 보강하기 위해 고려에서 말을 가진 사람들을 죄다 그러모았다는구나.

고려는 별무반을 준비한 지 3년 만인 1107년(예종 2년)에 드디어 여진족 정벌에 나섰어. 윤관은 20만 명이나 되는 별무반을 이끌고 쳐들어가 단번에 여진족을 몰아냈지. 그리고 아홉 군데에 성을 쌓고 그곳에 고려 사람들을 살게 함으로써 고려 땅으로 만들었어. 이때 쌓은 성을 '동북 9성'이라고 해.

윤관이 쌓은 동북 9성은 이름만 남아 있을 뿐, 정확히 어디에 있었는지는 잘 모른단다. 그런데 윤관은 가장 북쪽에 쌓은 성인 공험진 지역에 국경을 표시하는 비석을 세웠어. 이 비석은 두만강에서 북쪽으로 700리 떨어진 곳에 있었다고 해. 그리고 윤관이 세운 다른 비석도 만주의 간도 지역에서 발견된 적이 있어. 그러니까 공험진은 만주에 쌓은 성이 분명하지. 윤관이 여진족을 정벌하면서 고려는 실제로 고구려의 옛 영토인 만주까지 뻗어 나갔던 거야.

척경입비도 윤관이 여진족을 몰아낸 뒤 그 경계 지역에 비석을 세우는 장면을 묘사한 조선 후기 그림이다. 이 그림에는 윤관이 세운 비석이 두만강 북쪽 700리에 있었다는 설명이 곁들여 있다.

다시 돌려준 동북 9성

한순간에 삶의 터전을 잃고 쫓겨난 여진족은 목숨을 걸고 끈질기게 고려군에 저항했어. 동북 9성은 너무 넓은 지역에 흩어져 있어서 고려군은 여진족의 공격을 막기가 힘들었지. 여진족은 고려에 충성할 테니

말타기에 뛰어난 여진족 병사들

자기네 땅을 돌려달라고 애원했어. 그러자 전쟁이 더 길어지면 백성들의 부담이 커질 것을 걱정한 고려는 결국 9성을 여진족에게 다시 돌려주었어.

비록 여진족에게 되돌려주긴 했지만 윤관이 만주에 쌓은 9성은 우리 역사에서 중요한 의미가 있단다. 우리 민족은 발해가 멸망하고 난 뒤 오랫동안 만주 지역을 잃은 채로 있었어. 그러니까 동북 9성을 쌓은 것은 우리 역사의 터전인 만주를 되찾은 중대한 일이었다고 할 수 있지. 고려는 여진족에게 동북 9성을 돌려준 뒤에도 이 지역을 되찾으려고 애썼어. 그래서 조선 초기에 우리 국경이 두만강까지 넓어질 수 있었지. 고려와 조선은 중국과 국경을 놓고 다툴 때마다 윤관이 쌓은 9성을 근거로 내세웠단다.

땅을 돌려받은 여진족은 금세 힘을 키워 금나라를 세웠어. 금나라는 곧 거란족이 세운 요나라를 멸망시키고 북방 지역의 강대국이 되었지. 그러고는 고려에 금나라를 섬기라고 요구했어. 예전과는 정반대 처지가 된 거야.

이에 고려 사람들은 대부분 반대했어. 그렇지만 인종 때 정권을 잡고 있던 이자겸은 금나라가 쳐들어오면 정권이 위태로워질까 봐 사대를 하기로 결정했어. '사대'란 작은 나라가 큰 나라를 섬기는 것을 말해. 고려는 자존심이 상했지만, 금나라를 사대하기로 결정하면서 전쟁을 피할 수 있었지.

키워드 18   이자겸의 정변

불타는 대궐

역사책에는 많은 반역자 이야기가 나온단다. 고려 시대의 대표적인 반역자는 이자겸이라는 사람인데, 부정부패를 일삼고 왕에게 반역을 저지른 인물로 기록되어 있어. 그러나 이자겸은 어쩌면 그렇게 나쁜 사람이 아닐 수도 있어. 왜냐하면 역사에서는 싸워서 이긴 사람이 진 사람을 무조건 나쁘게만 기록하는 일이 아주 많거든. 그렇다면 이자겸은 과연 어떤 사람이었을까?

【 인주 이씨 집안의 벼락 】

이자겸의 고향은 바다와 가까운 작은 고을 인주(지금의 인천)였어. 인주 이씨 집안은 이자연이라는 사람이 과거에 장원으로 급제하고 수상에 오른 뒤부터 세력을 얻기 시작했어. 이자겸은 할아버지인 이자연 덕분에 과거를 치르지 않고도 벼슬길에 올랐지. 그러다가 여동생과 사촌 형제가 왕실과 문제를 일으키는 바람에 이자겸도 관직에서 쫓겨나게 되었어.

    이자겸이 세력을 얻은 것은 둘째 딸이 예종의 왕비가 되면서부터야. 그런데 예종은 왜 말썽을 피운 인주 이씨 가문에서 왕비를 맞이했을까? 그 까닭은 이자겸 집안과 손을 잡아 권력을 키우고 나중에 자기 아들이 순탄하게 왕위에 오를 수 있도록 튼튼한 기반을 마련하기 위해서였어.

    과연 이자겸은 왕의 기대를 저버리지 않았어. 예종이 세상을 떠났을 때 태자(인종)는 아직 미성년자였기 때문에 숙부들이 왕위를 노리고 있었는데, 이때 이자겸은 이들을 물리치고 외손자인 태자를 왕으로 세웠단다.

원인재 세 딸을 문종의 왕비로 혼인시켜 세력을 얻은 이허겸의 묘 옆에 딸린 집으로, 인주 이씨의 조상을 모시고 있다. 이허겸은 이자겸의 고조할아버지이다.

【 너무 커져 버린 외할아버지의 힘 】

태자가 왕이 되자 이자겸은 외할아버지이면서 왕이 되도록 도와준 사람으로서 막강한 권력을 손에 쥐게 되었어. 더욱이 태자는 고려의 풍속대로 외가에서 자랐기 때문에 더욱 외할아버지 말을 따랐지. 권력이 커진 이자겸은 왕이 아직 어리다는 것을 핑계 삼아 중요한 나랏일을 사사로이 자기 집에서 처리하고, 자기를 반대하는 신하들을 쫓아내기도 했어. 자신의 생일에 '인수절'이라는 이름을 붙이기까지 했는데, '절'이란 황제나 왕, 태자의 생일에만 붙일 수 있는 말이었어. 그러니 당시 이자겸의 세력이 얼마나 대단했는지 짐작할 수 있겠지?

이자겸의 아들들도 중요한 벼슬을 차지하고 다른 사람의 재물을 빼앗는 등 횡포를 부렸어. 게다가 이자겸은 자신의 권세를 더욱더 높이기 위해 셋째 딸과 넷째 딸을 차례로 인종과 혼인시켰지. 그러니까 인종은 어머니의 동생들, 곧 이모들과 결혼하게 된 거야.

아집도 대련 화려한 기와집 정원에서 시를 짓거나 그림을 감상하며 여가를 즐기는 고려 관리들의 모습을 그린 「아집도 대련」의 일부분이다. 고려 관리 중에서도 특히 인주 이씨 가문의 이자겸은 세 딸을 예종과 인종의 왕비로 들이면서 온갖 권세와 부귀를 누렸다.

너희들에게는 이상해 보이겠지만, 고려 시대에는 한집안 사람과 결혼하는 근친혼이 많았기 때문에 그리 비난받을 일은 아니었어. 문제는 이자겸의 권한이 너무 커졌다는 거지. 이제 고려에서 이자겸의 권력은 그 누구도 넘볼 수 없을 만큼 막강해졌어.

이때부터 인종은 외할아버지이면서 장인인 이자겸의 권력이 왕인 자신의 권력보다 더 커지는 것 같아 점점 불안해졌어. 왕과 가까운 신하들은 인종의 속마음을 알아채고 이자겸을 없애 버리기로 뜻을 모았어. 인종도 신하들의 계획에 찬성했지.

【 대궐에 불을 질러라 】

1126년, 인종과 신하들은 군사를 동원해 이자겸 쪽 신하들을 죽이고 시체를 왕궁 밖에 내다 버렸어. 뜻밖의 사태에 놀란 이자겸은 대책을 세워 보았지만 별 뾰족한 수가 없었어. 그때 척준경이라는 사람이 나섰어. 척준경은 여진 정벌 때 가장 큰 공을 세우고 이자겸과 사돈을 맺은 장수였단다.

척준경이 힘을 모아 대궐로 쳐들어가자 싸움은 순식간에 역전되었어. 척준경의 군대는 겹겹이 가로막은 대궐의 문을 단숨에 돌파하고 대궐에서 가장 큰 광장인 구정을 점령했어. 이제 구정이 내려다보이는 신봉루만 뚫으면 틀림없이 왕을 잡을 수 있게 되었지. 다급해진 인종은 신봉루로 올라갔어. 원래 신봉루는 팔관회 때 왕이 올라서서 위엄을 과시하던 곳이야.

왕이 신봉루에 올라 아래를 굽어보니 온갖 화려한 행사가 벌어지던 구정에 군사들이 자신을 노리며 무시무시하게 버티고 있는 거야. 왕은 속으로 두려웠지만 마음을 가다듬고 군사들을 잘 타일렀어. 그러나 군사들은 오히려 왕을 향해 화살을 날리고 도끼로 누각의 기둥을 찍어 댔어. 그래도 신봉루가 쉽게 뚫리지 않자 척준경은 아예 궁궐에 불을 질러 버리기로 했지.

장작을 모아 불을 붙이자 불길이 순식간에 궁궐 전체로 번져 갔어. 건물 대부분이 불타 잿더미가 되자 결국 인종은 궐 밖으로 나올 수밖에 없었단다. 이자겸은 인종을 따르던 신하들을 죽이고 그들의 집도 불태웠어. 신하의 가족들은 노비로 만들었지.

승리를 거둔 이자겸은 인종을 자기 집에 데려다 놓고 철저하게 감시했어. 그러나 아직 싸움이 끝난 것은 아니었어. 이자겸과 척준경이 서로 공을 내세워 권력을 다투기 시작했거든. 인종은 둘 사이가 벌어지는 틈을 타 척준경에게 사람을 보내 설득했어. 이자겸을 없애 주면 궁궐을 불태우고 왕에게 화살을 날린 죄를 용서해 주겠다고 말이야.

때마침 이자겸 아들의 하인이 척준경의 하인에게 척준경을 흉본 일이 있었어. 안 그래도 이자겸에게 불만이 있던 차에 그 말을 전해 들은 척준경은 이자겸에게 등을 돌리고 왕에게 다시 충성을 맹세했어. 그러고는 이자겸의

이자겸에 얽힌 굴비 이야기 정주로 귀양 간 이자겸은 그곳에서 소금에 절여 말린 조기를 먹어 보고는 단번에 그 맛에 반했다. 이자겸은 이 조기에 '정주 굴비'라는 이름을 붙여 인종에게 바쳤다. 정주는 고려 때부터 영광이라고도 불렀으며, 굴비는 이자겸이 자신의 뜻을 절대 굽히거나 비굴하게 살지 않겠다는 뜻이었다. 오늘날 가장 맛있는 조기로 유명한 '영광 굴비'는 바로 이자겸과 관련하여 생겨난 이름이라고 한다.

군사들을 간단히 물리쳤단다. 자신의 오른팔이었던 척준경을 잃고 힘이 빠진 이자겸은 곧바로 정주(지금의 영광)로 귀양을 가서 그해 12월에 죽었어. 물론 인종과 혼인했던 이자겸의 딸들도 모두 쫓겨났지.

척준경은 이자겸을 물리친 공으로 큰 벼슬을 얻었어. 그러나 얼마 지나지 않아 척준경도 외딴 섬으로 귀양을 갔어. 이자겸을 물리친 공은 있지만, 궁궐을 불태우고 왕을 해치려 한 죄는 덮을 수 없다는 이유였지. 척준경은 왕이 자기 말을 들으면 모든 죄를 용서해 주고 벼슬까지 준다는 말에 속았던 거야.

【반역인가, 권력 다툼인가】

이자겸의 정변은 이렇게 끝이 났단다. 불에 탔던 대궐은 10년이 걸려 다시 지어졌지만 왕의 권위는 크게 떨어졌지. 『고려사』나 교과서에서는 이 사건을 '이자겸의 난'으로 기록하고 있어. 그러니까 이자겸을, '난'을 일으켜 나라를 어지럽힌 반역자로 보는 거지.

하지만 그렇게 단순하게 볼 일은 아니야. 이자겸은 인종을 왕으로 만든 주인공이었으니 처음에는 충신이었지. 게다가 정변을 먼저 일으킨 쪽은 이자겸이 아니라 왕이었고, 이자겸은 단지 반격을 했을 뿐이었거든. 그렇지만 유교적인 사고방식에서 보면 이자겸은 왕을 거역하고 생명을 위협했기 때문에 반역자가 되는 거

인종 시책과 청동 도장
왕이나 왕비가 죽은 뒤에 붙이는 호칭인 시호를 올릴 때 옥이나 돌에 시호와 생전의 인품, 덕행 등을 새겨 책으로 만든 것을 시책이라고 한다. 인종의 무덤 장릉에서 나온 시책과 동물 모양 손잡이가 달린 청동 도장이다.

지. 『고려사』에는 이자겸이 인종을 몰아내고 자기가 왕이 되려 했다고 쓰여 있지만, 이것도 확실하지는 않아.

민주주의 사회에서는 국민이 선거를 통해 지도자를 뽑지만, 왕조 시대에는 그러지 못했기 때문에 권력의 배분을 놓고 갈등하는 일이 종종 벌어졌단다. 이자겸의 정변도 나쁜 신하가 저지른 반란 또는 반역이라기보다는 권력 다툼으로 일어난 정변, 곧 정치권력의 큰 변화로 봐야 해. 그렇게 본다면 이자겸이나 왕이나 모두 권력을 차지하기 위해 서로 싸웠던 것에 불과하지.

따라서 역사에 등장하는 인물을 단순히 착한 충신과 나쁜 반역자로 구분하는 것은 바람직하지 않단다. 임금의 말은 잘 들으면서 백성들에게는 나쁜 짓을 한 충신도 있고, 노비 해방을 부르짖었던 만적처럼 훌륭한 반역자도 있으니까 말이야.

키워드 + 처가살이

고려의 혼인 풍습

요즘은 결혼하면 대부분 부부가 따로 살림을 내어 살지만, 예전에는 아내가 거의 남편의 부모와 함께 살았지. 이것을 여자 처지에서는 '시집살이'를 한다고 했어. 그런데 고려 시대에는 반대로 남편이 아내의 부모와 함께 사는 '처가살이'를 했단다.

이자겸의 정변에 등장하는 인종도 외가에서 태어나고 자랐어. 당시의 고려 풍습을 따랐던 거지. 처가살이 기간은 몇 년이라고 딱히 정해져 있지는 않았지만, 그곳에서 자녀를 낳아 기르거나 손자까지 보기도 했단다.

무신이 집권하던 무인 정권기에 활동했던 이규보라는 사람은 아주 유명한 문장가였어. 그 사람도 처가살이를 했는데, 장인에게 제사를 올리면서 쓴 글에 "고려의 남자는 필요한 모든 것을 처가에서 받으니 장인과 장모의 은혜가 친부모와 같다."고 했단다.

이러한 혼인 풍습에서는 부부가 아내의 집에서 살아야 하기 때문에 여성의 경제력이 뒷받침되어야 했어. 고려 사람들은 아들이든 딸이든, 맏이든 둘째든 구분하지 않고 똑같이 재산을 나눠 주었단다. 그래서 여성도 남자 형제와 다름없이 재산을 물려받을 수 있었지. 자녀가 재산을 똑같이 물려받았기 때문에 제사도 한 사람씩 돌아가면서 지냈어. 이처럼 고려 여성들은

조반 부부의 초상 고려 말의 문신이었던 조반과 그 부인의 초상화이다. 조선 초기에 그려진 것을 조선 후기에 옮겨 그렸다.

경제력이 있었기 때문에 자기 집에서 남편과 함께 살 수도 있었고 재혼도 마음대로 할 수 있었단다.

남편이 아내의 집에 살면 아무래도 그 집의 주인인 장인과 장모를 비롯한 처갓집 식구들의 눈치를 볼 수밖에 없었을 거야. 그러다 보니 집안일을 결정할 때도 아내의 힘이 더 컸겠지. 고려 말의 유학자이자 조선을 세우는 데 큰 공을 세운 정도전은 처가살이 풍습 때문에 아내가 남편을 괄시한다며, 우리도 중국처럼 여자가 남자 집에 와서 사는 시집살이를 해야 한다고 강력히 주장했단다.

고려의 혼인 풍습은 조선 중기까지 이어지다가 조선 후기에 이르러서는 시집살이로 바뀌었어. 그와 함께 장남이 다른 아들보다, 아들이 딸보다 재산을 더 많이 상속받는 차별이 생겨났어. 게다가 남편이 죽으면 아내는 거의 재혼할 수 없게 변했어. 결혼이나 재산 상속 풍속으로 본다면 고려 여성이 조선 여성보다 훨씬 더 지위가 높고 행복했던 셈이지.

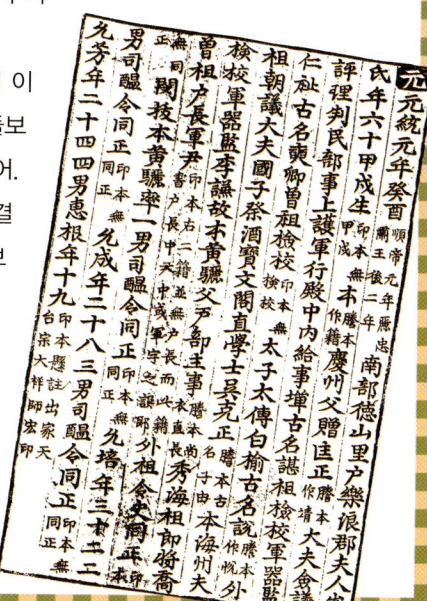

여성이 호주로 되어 있는 문서 경주 출신인 낙랑군 부인 최씨가 호주로 맨 앞에 쓰여 있고, 그 뒤에 사망한 남편과 네 아들이 쓰여 있다. 장성한 아들이 넷이나 있는데도 어머니가 호주라는 것은 고려 시대에 여성의 지위가 높았음을 말해 준다.

키워드 19 | 서경 천도 운동

세계의 주인을 꿈꾸다

고려 중기인 12세기는 이자겸의 정변, 묘청의 서경 천도 운동, 무신 정변 등 굵직굵직한 사건들이 이어진 격동의 시기였어. 일제 때 유명한 독립 운동가이자 역사학자였던 신채호는 묘청의 서경 천도 운동을 두고 "조선 역사에서 천 년에 한 번 있을 큰 사건"이라고 했어. 그만큼 묘청의 서경 천도 운동은 우리 역사에서 중대한 의미가 있는 사건이었던 거지.

【 묘청의 서경 천도 운동 】

이자겸이 권력을 손에 넣고 부귀영화를 누릴 무렵, 정치적으로는 어수선했지만 고려는 이 시기에 문물이 발달하고 아름다운 청자를 생산했어. 하지만 나라 밖 사정은 무척 혼란스러웠단다. 여진족이 금나라를 세우고 고려에 사대를 요구하자 당시 권력을 쥐고 있던 이자겸과 척준경은 권력을 지키기 위해 사대하기로 결정했어. 이 일로 고려 사람들은 자존심에 큰 상처를 입었단다. 이런 분위기에서 이자겸의 몰락 후 점차 세력을 얻은 사람들이 있었어. 바로 고구려의 옛 도읍인 서경에 사는 사람들이었지.

서경 사람들은 서경을 매우 중요하게 여겼어. 서경이 삶의 터전이기도 했지만, 무엇보다도 고려가 고구려를 계승한 나라라는 상징을 띤 곳이었기 때문이야. 이들 중 대표적인 사람이 묘청이라는 승려였어. 묘청은 나라 안팎이 어지러운 이유는 도읍 개경의 땅 기운이 다했기 때문이라고 했어. 고려가 다시 일어나려면 땅 기운이 왕성한 서경으로 도읍을 옮겨야 한다고 주장한 거야.

인종은 묘청의 생각이 옳다고 여겨 그를 매우 아꼈어. 묘청을 따르는 신하들도 많이 생겼지. 그 뒤 인종은 서경에 자주 행차했는데, 묘청은 이곳에 궁궐을 지으면 금나라가 항복하고 사방 36개 나라가 모두 고려의 신하가 될 거라며 왕을 설득했어.

인종은 묘청의 뜻을 받아들여 서경에서 가장 좋은 명당이라는 임원역에 대화궁을 지으라고 명령했단다. 당장이라도 서경으로 천도할 것 같은 분위기였지.

평양 지도 조선 후기에 제작된 「광여도」의 평양부 지도이다. 평양성 동북쪽에 장안성이라고 표기된 일대가 대화궁을 지었던 곳으로 추정된다.

【 금나라를 정벌하라 】

묘청은 서경 천도에서 더 나아가 '칭제건원'을 주장했어. '칭제'는 고려의 임금을 황제라 부르자는 것이고, '건원'은 중국의 연호를 따르지 말고 고려만의 연호를 갖자는 것이었어. 사실 고려 안에서는 벌써부터 그렇게 하고 있었지만, 그 사실을 다른 나라에 내세우지는 않고 있었어. 중국이나 북방의 강대국과 불필요한 마찰을 일으키지 않기 위해서였지.

서경 세력이 서경 천도와 칭제건원을 주장한 것은 여진족이 세운 금나라를 정벌하기 위해서였어. 그러기 위해 그들은 나라 살림을 넉넉히 하고 군

서경 천도 운동 119

대화궁 터 출토 기와 평양 인근에 있는 대화궁 터 유적에서 발굴된 기와이다.

사력을 키우는 정책을 밀고 나갔지.

서경 세력은 고려가 금나라를 무릎 꿇리는 데 그치지 않고 중국을 포함한 온 세상을 지배하는 나라가 되기를 바랐어. 고려가 천하의 중심, 세계의 주인이 되기를 바란 거야.

그러나 묘청의 주장에 반대하는 사람들도 많았어. 나중에 『삼국사기』를 쓴 유학자 김부식이 가장 대표적인 사람이었지. 김부식은 경주 출신이지만 개경에 터전을 둔 사람으로, 개경에서 서경으로 도읍을 옮기면 자신의 권력이 약해질까 봐 불안했어. 그래서 칭제건원은 금나라와 전쟁을 벌이겠다는 뜻이라며 반대했지.

그런데 묘청은 도읍을 얼른 옮기려고 속임수를 썼어. 서경이 얼마나 좋은 기운이 서린 땅인지 보여 주겠다며 대동강에 기름 바른 떡을 몰래 빠뜨린 거야. 기름이 물 위에 떠올라 오색으로 번지는 모습을 사람들에게 보여 주고는 물속에 사는 신성한 용이 침을 토하는 것이라고 꾸며 댔지. 그런데 이 일은 곧 들통났고, 엎친 데 덮친 격으로 서경에 새로 지은 궁궐에 벼락이 떨어지기까지 했어. 일이 이렇게 되자 인종도 더 이상 서경으로 행차하지 않았고, 서경 천도 계획도 없던 일로 했단다.

【 역사의 갈림길에 선 고려 】

궁지에 몰린 묘청은 마침내 서경에서 군사를 일으켰어. 인종은 김부식에게 군사를 주어 서경을 토벌하라고 명령했어. 이로써 개경과 서경의 전쟁이 시작되었지.

김부식은 서경으로 떠나기에 앞서 묘청을 따르던 신하들부터 처형했어. 그러고는 서경으로 가서 서경성을 겹겹이 에워쌌어. 상황이 불리해지자 서경 사람들은 지도자인 묘청의 목을 베어 바치며 죄를 용서해 달라고 빌었어. 하지만 개경 정부는 들어주지 않았지. 서경 사람들은 토벌군에 목숨을 걸고 맞섰지만, 싸움이 1년 넘게 이어지자 더 이상 버티지 못하고 토벌군에게 사로잡히거나 스스로 목숨을 끊고 말았단다.

김부식을 비롯한 개경 세력의 승리로 고려는 다시 평화를 얻었어. 그런데 만약 서경 세력의 주장대로 고려가 수도를 서경으로 옮기고 금나라와 전쟁을 했다면 어떻게 되었을까? 고려는 금나라를 이겨서 천하의 주인이 되었을 수도 있고, 반대로 져서 나라가 망해 버렸을 수도 있지. 어쨌든 백성들은 전쟁 때문에 엄청나게 고통을 당했을 테고.

당시 고려는 천하의 주인이 되겠다는 이상을 향해 위험한 모험을 할 것인가, 아니면 현실에 만족할 것인가 하는 갈림길에 서 있었단다. 그러니까 서경의 묘청은 이상을 꿈꾸었고, 개경의 김부식은 현실을 택한 것이지.

역사학자 신채호는 묘청이 김부식에게 패하면서 우리 역사가 쇠퇴하기 시작했다며 아쉬워했어. 실제로 서경 세력이 몰락하자 권력을 독차지한 개경의 문신들은 재물과 향락에 빠지는 일이 많아서, 그 뒤 무신 정변이 일어나는 여러 원인 가운데 하나가 된단다. 그렇지만 묘청의 서경 천도 운동이 실패한 뒤 고려의 역사가 쇠퇴한 것은 아니었으니, 신채호의 말이 꼭 맞다고 할 수도 없어.

키워드 20 　삼국사기

신라의 계승을 주장하다

우리나라에 남아 있는 가장 오래된 역사책은 무엇일까? 김부식이 쓴 『삼국사기』란다. 그보다 더 오래전인 삼국 시대에도 역사책을 만들었지만, 아쉽게도 모두 사라지고 말았어. 『삼국사기』는 고려 말에 승려 일연이 쓴 『삼국유사』와 함께 우리나라에서 아주 중요한 역사책으로 손꼽힌단다.

【 먼저 우리 역사를 알라 】

김부식은 묘청이 일으킨 정변을 잠재운 공으로 문하시중에 올랐어. 그러나 김부식의 권력이 너무 커지자 인종은 그를 꺼리게 되었고, 서로 갈등이 깊어졌지. 마침내 김부식은 정년을 채우지 못하고 벼슬에서 물러나야 했어. 그러나 김부식은 자신이 그동안 해 온 정치가 옳았다는 것을 역사 편찬을 통해 증명해 보이고 싶었단다. 김부식을 물러나게 한 것에 부담을 느끼던 인종도 역사책 편찬을 맡기면서 그런 마음을 덜고자 했지. 이러한 배경에서 『삼국사기』가 탄생한 거야.

김부식이 『삼국사기』를 완성하고 나서 인종에게 올린 글을 보면 이 책을 쓰게 된 동기가 잘 나와 있어. 인종이 "요즘 학자와 관리들은 중국의 유교 경전과 역사는 잘 알아도 우리나라 역사는 도리어 알지 못하니 매우 한탄스럽다."면서 김부식에게 우리나라 역사를 다룬 책을 만들라고 명령했다는 거야. 김부식의 생각도 인종과 다르지 않았어. 김부식은 학식이 높은 유학자로서 중국 문화를 존중했지만 우리 문화에 대한 애정도 깊었거든.

【유학의 시각으로 본 삼국의 역사】

『삼국사기』는 책 제목 그대로 '삼국의 역사'를 쓴 책이야. 삼국의 역사, 그러니까 신라와 통일 신라만이 아니라 고구려와 백제까지 '우리' 역사로 썼다는 것은 매우 중요한 의미가 있어. 삼국을 모두 '우리'라고 하면서 같은 동족이라는 생각을 표현했기 때문이야. 역사를 쓸 때도 비록 형식적이긴 하지만 삼국을 동등하게 대우했지. 또한 김부식은 『삼국사기』에서 왕의 활동을 기록한 부분에 황제의 일대기를 뜻하는 '본기'라는 제목을 달았어. 고려가 황제국이라는 것을 나타

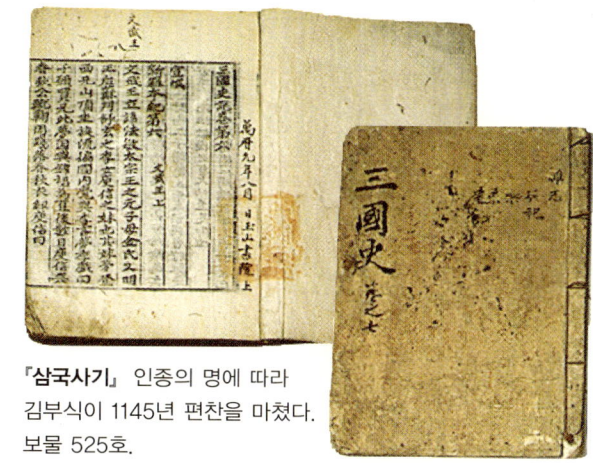

삼국사기 인종의 명에 따라 김부식이 1145년 편찬을 마쳤다. 보물 525호.

낸 거지. 반면 조선 시대의 유학자들은 『고려사』라는 역사책을 쓰면서 왕에 관한 내용을 제후의 일대기를 뜻하는 '세가'라는 제목으로 낮추었단다.

『삼국사기』는 김부식이 혼자 쓴 책은 아니야. 그를 따르는 여러 학자들이 자료를 모아서 글을 쓰고, 김부식은 편찬자의 대표로서 책을 만드는 원칙을 세우거나 중요한 사건을 평가했지. 김부식을 비롯해서 함께 일한 사람들은 유학자들이었기 때문에 『삼국사기』에는 자연히 유학의 시각이 담겨 있어. 그러다 보니 불교나 승려에 대해서는 충분히 쓰지 않았지.

하지만 김부식은 유학의 관점에서 볼 때 어긋나 보이는 것이라도 있는 그대로 기록했어. 예를 들면 신라의 최고 통치자 호칭이 중국식으로 '왕'이라 칭해지기 전에 혁거세는 '거서간', 유리 등은 '이사금', 내물 등은 '마립간'이었다는 것을 기록한 거야. 신라에서 왕이라는 호칭을 사용한 것은 6세기 초인 지증왕 때부터였지. 이 점은 나중에 우리 것을 낮춰 보는 조선 시대 유

학자들에게 비난을 받지만, 역사가로서는 올바른 태도였어.

【신라의 정통을 내세우다】

『삼국사기』는 형식상으로는 삼국을 동등하게 다루었지만, 속 내용을 보면 신라를 더 중요하게 여겼다는 것을 알 수 있어. 그 밑바탕에는 김부식이 원래 신라의 도읍이었던 경주 출신인 데다 경주가 유학의 중심지이고, 삼국을 신라가 통일했다는 자부심이 깔려 있어. 또한 묘청이 서경에서 고구려 계승을 주장하며 일으킨 서경 천도 운동을 비판하는 뜻도 담겨 있지.

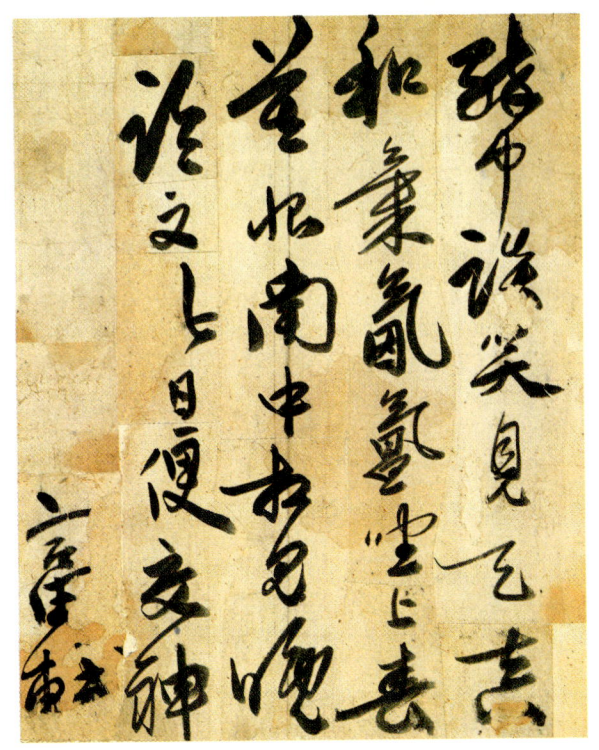

김부식의 글씨

『삼국사기』 이전에도 고려 초기에 만들어진 『삼국사』라는 역사책이 있었어. 이 책은 비록 지금 남아 있지 않지만 고구려 계승 의식을 담고 있었지. 김부식은 고려가 지나치게 고구려를 계승하려 한다고 생각했고, 묘청의 서경 천도 운동도 그런 이유에서 일어난 거라고 보았어. 그래서 고구려 계승 의식을 누르고 신라 계승 의식을 강조할 필요를 느꼈는데, 그런 필요에서 나온 책이 바로 『삼국사기』였던 거야.

『삼국사기』는 삼국 중에서 가장 후진국이었던 신라를 맨 앞에 다루고, 그 다음에 고구려와 백제를 놓았어. 인물을 다룬 '열전' 부분에서도 삼국 통일의 주역이었던 신라 장수 김유신을 가장 많이 다루었지. 이것은 삼국 통일의 정당성을 내세우기 위해서였어. 김부식은 통일 신라의 역사와 문화가 고

개성 영통사 대각국사 비 대각국사 의천의 행적을 새긴 비로, 비문은 김부식이 지었다. 유학자인 김부식이 불교 승려인 대각국사 의천의 비문을 지었다는 것은 그만큼 고려가 다양한 사상과 문화가 어우러진 다문화 사회였다는 사실을 말해 준다.

려로 이어졌다는 것을 강조했어. 말하자면 삼국의 정통은 고구려가 아닌 신라에 있으며, 고려는 그런 신라를 계승한 나라라는 거야.

『삼국사기』는 비판받을 만한 부분도 있지만, 우리 역사를 아는 데에는 더할 나위 없이 중요한 가치가 있는 책이야. 만약 『삼국사기』가 없었다면 우리가 삼국의 역사를 어떻게 알 수 있었을까? 『삼국사기』는 무엇보다 고구려·백제·신라를 모두 우리 민족의 역사로 다룬 것만으로도 우리에게 큰 의미가 있는 문화유산이란다.

키워드+ 삼국유사

설화와 역사의 만남

역사책으로 고려 중기에 김부식의 『삼국사기』가 있다면, 고려 말기에는 일연의 『삼국유사』가 있었어. 『삼국사기』는 유학자가 유학의 시각에서 썼고, 『삼국유사』는 불교 승려가 불교의 시각에서 썼다는 차이가 있지. 또한 『삼국사기』는 순수한 역사서인 반면 『삼국유사』는 역사와 설화가 결합된 책이었어. 그래서 『삼국유사』가 『삼국사기』보다 전통적인 내용을 풍부하게 담고 있지.

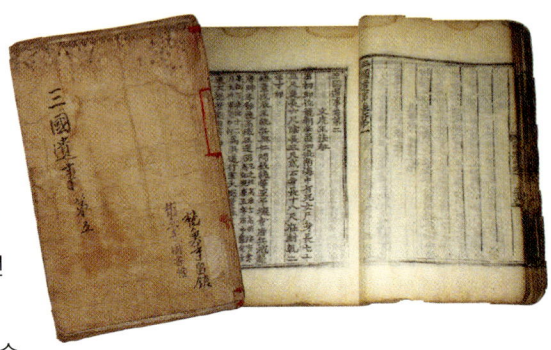

『**삼국유사**』 1281년경 보각국사 일연이 편찬했다. 『삼국사기』에서 빠진 이야기를 썼다는 뜻으로 '유사(遺事)'라는 제목을 붙였다고 한다. 보물 419호.

일연은 무인 정권기와 원나라 간섭기에 활약한 승려였어. 경상도 경산에서 태어난 일연은 아홉 살에 출가해 승려가 되었는데, 그 뒤 불교계를 대표하는 인물이 되어 국존(국사)에까지 올랐단다. 국존은 승려 중에서 가장 높은 지위였어.

일연이 승려로 활동한 시기는 몽골이 침입해 온 나라를 잿더미로 만들 때였어. 그리고 전쟁이 끝난 뒤에도 원나라의 간섭 탓에 정치적으로 자유롭지 못한 때였지. 이러한 시절에도 일연은 젊었을 때부터 자료를 모으고 글을 써서 말년에 『삼국유사』를 펴냈단다.

일연은 김부식이 쓴 『삼국사기』가 불교와 우리 전통을 많이 다루지 않은 것을 안타깝게 생각했어. 그래서 그러한 부분을 위주로 『삼국유사』를 편찬했지. 그러다 보니 『삼국유사』에는 신비하고 기이한 설화들이 있는 그대로 실려 있어. 언뜻 생각하면 사실을 기록하는 역사책으로서 문제가 있는 것 같지만, 오히려 이것이 장점이란다. 『삼국사기』가 빠뜨린 것을 기록하여 우리에게 전해 주기 때문이고, 설화에는 우리의 다양한 역사와 문화가 깃들어 있기 때문이지.

『삼국유사』는 삼국과 통일 신라, 후삼국에 대해 주로 기록하면서도 고조선, 부여, 삼한(마한·진한·변한), 가야, 발해까지 다루었기 때문에 우리 역사를 아는 데 매우 소중한 책이야. 그리고 『삼국유사』는 고

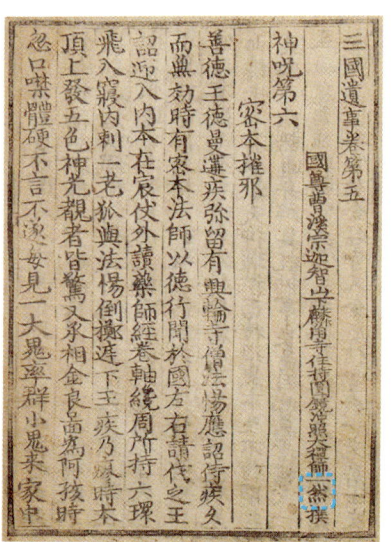

『**삼국유사**』 다섯째 권의 첫 부분
『삼국유사』의 편찬자가 일연이라고 쓰여 있다.

인각사 경상북도 군위군에 있는 절로, 일연이 말년을 보내며 『삼국유사』 편찬을 완성한 곳으로 알려져 있다.

『삼국사기』엔 빠진 게 너무 많단 말씀이야.

조선을 우리 역사에서 가장 오래된 나라로 기록했고, 단군 신화도 담고 있어. 단군 신화는 단순한 신화가 아니라 그 속에 단군을 중심으로 여러 부족이 힘을 합해 고조선을 건국한 역사적 사실을 담고 있단다.

『삼국유사』는 고려가 원나라의 간섭을 받는 상황에서 우리 민족의 근원이 어디인가를 알려 줌으로써 고려 사람들에게 동족 의식과 희망을 심어 주었어. 그래서 고려 왕조가 마침내 원나라의 간섭을 뿌리치는 힘이 되었단다. 고려 사람들은 『삼국유사』를 읽고 자신들이 단군 또는 단군 조선의 후예라는 생각을 품게 되었어. 그래서 고려를 멸망시킨 이성계가 나라를 세우고는 이름을 '조선'이라고 정한 거야.

키워드 21   무신 정변

100년 무인 정권이 열리다

대한민국에서는 1960년대부터 약 30년 동안 여러 군인이 대통령이 되어 나라를 다스렸단다. 이를 군사 정권이라고 해. 군사 정권에 대해 한편에서는 경제적으로 잘살게 해 주었으니 좋았다고 하는 반면, 다른 한편에서는 민주주의를 억압했으니 나빴다면서 서로 엇갈린 평가를 내리고 있단다. 고려 시대에도 현대의 군사 정권처럼 군인이 정치를 한 적이 있어. 자그마치 100년 동안이나 말이야.

【 가을밤의 피바람 】

인종의 아들 의종은 문학과 풍류를 좋아해서 경치 좋은 곳에 궁궐과 정자를 지어 놓고 잔치를 자주 벌였어. 문신들과 함께 시를 짓고 노래를 부르며 즐겁게 놀았는데, 특히 개경 동쪽의 정자 연복정을 놀이 장소로 즐겨 찾았지. 하지만 무신들은 잔치에 가도 놀기는커녕 제대로 먹을 수조차 없었어. 왕이 행차할 때는 물론이고 잔치가 벌어질 때에도 밤새 보초를 서야 했거든.

의종은 왕위에 오른 지 24년이 된 1170년 음력 8월 어느 날, 개경 남쪽에 있는 흥왕사로 행차했어. 물론 무신들도 호위를 맡아 따라갔지. 행사를 마친 왕이 이튿날 흥왕사를 떠나 보현원으로 가다가 오문이라는 곳에 이르렀어. 왕은 상을 내려 무신들을 달랠 생각으로 무신들에게 오병수박희를 시켰어. 수박희란 주로 손을 써서 겨루는 전통 무예인데, 여기에 다섯 가지 무기를 사용하면 오병수박희라고 했지.

그런데 대장군 이소응이 젊은 무신과 오병수박희를 겨루다가 힘에 부쳐 뒷걸음질쳤다고 해. 그때 정5품인 문신 한뢰가 이소응의 뺨을 때리는 사건이 벌어졌어. 손찌검을 당한 이소응은 섬돌 아래로 굴러떨어졌는데, 왕과 문신들은 재미있어하며 손뼉을 쳤다는구나. 그 광경을 본 대장군 정중부는 크게 화를 내며 이렇게 말했지.

"이소응은 비록 무신이지만 벼슬이 정3품인데, 어째서 이렇게 심한 모욕을 주는가!"

지금으로 치면 별 셋쯤 되는 고위급 장군이 크게 소리를 지르자, 깜짝 놀란 왕은 정중부의 손을 잡으며 달랬대. 하지만 이미 늦어 버린 뒤였지.

날은 점점 어두워졌고, 왕과 문신들은 보현원에 이르러 안으로 들어갔어. 보현원은 절이자 숙소였는데, 지금의 판문점 근처에 있었어. 왕을 모시고 보현원에 들어갔던 문신들이 물러가려 할 때 그들을 기다리고 있던 것

은 다름 아닌 무신들의 칼이었단다. 지금의 대위쯤 되는 젊은 장교 이의방과 이고를 비롯한 무신들은 도망치는 문신들을 차례로 죽였어. 그리고 그날 밤, 무신들은 개경으로 달려가 문신들을 찾아내어 닥치는 대로 죽였단다. 그때 이렇게 구호를 외쳤대.

"문신 차림을 한 자는 가리지 말고 모두 죽여라!"

여기에 하급 군사까지 힘을 합하면서 상황은 점점 더 크게 번져 갔어. 그리하여 정중부와 이의방을 비롯한 무신들이 권력을 잡게 되었어. 이때부터 100년에 걸친 무인 정권 시대가 시작된단다.

참, 잔치를 좋아하던 의종은 어떻게 되었을까? 의종은 남해안의 거제도로 쫓겨났다가 경주로 탈출했어. 그러나 무인 정권의 명령을 받은 이의민이 의종을 잡아 살해하고 가마솥에 넣어서 연못에 던져 버렸다는구나.

그런데 꼭 알아 두어야 할 것이 있어. 무신 정변이 보현원에서 갑자기 터진 일은 아니라는 점이야. 의종이 왕위에 오른 지 18년째 되던 해부터 무신들은 반역의 뜻을 품기 시작했어. 그리고 정변이 일어나기 몇 달 전에는 그 뜻이 완전히 무르익었지.

그날도 의종은 잔치를 벌이고 있었어. 밤늦도록 벌어지는 잔치에 무신들은 보초를 서느라 밥까지 굶자 불만이 커졌지. 그 와중에 정중부가 오줌을 누러 나가는데 이의방과 이고가 조용히 따라 나와 말했어.

"문신들은 배불리 먹고 술에 취해 흥청거리는데 우리 무신은 모두 굶주리고 피곤하니, 이런 일을 참을 수 있습니까?"

정중부는 26년 전의 일을 떠올렸어. 김부식의 아들 김돈중은 자기 아버지의 권세를 믿고 날뛰는 사람이었는데, 어느 날 김돈중이 정중부의 멋진 수염을 촛불로 태워 버린 일이 있었거든. 정중부는 새파랗게 어린 문신에게 그런 짓을 당했다는 게 정말 분했지.

결국 정중부는 거사를 일으키기로 결심했어. 정중부가 전략을 짜고 이의방과 이고가 군사를 동원하기로 계획했어. 보현원에 불어닥친 끔찍한 피바람은 그 계획을 실행에 옮긴 것이었지.

【 무신들을 차별하지 말라 】

고려의 역사는 대체로 무인 정권을 기준으로 그 앞을 전기, 그 뒤를 후기로 나눈단다. 그만큼 무인 정권과 그것을 탄생시킨 무신 정변은 역사적으로 중요한 의미가 있는 거야.

무신 정변이 일어난 원인에는 여러 가지가 있어. 그중에서 가장 중요한 원인은 무신을 차별하여 문신보다 낮게 대우했다는 점이야. 그러나 원래부터 무신이 차별받은 것은 아니었어. 광종이 과거 제도를 실시하면서 문반과 무반, 즉 양반이 생겼는데 그 후 수많은 전쟁을 거치면서 무반의 지위가 점점 높아졌지. 무반은 전통 무예인 수박을 겨루거나 격구 경기를 하면서 몸과 마음을 단련하고 서로 단합해 왔어.

공민왕 무덤 앞 문신상과 무신상 왕들은 죽은 뒤에도 문신과 무신의 호위를 받았다. 문신은 왕의 무덤과 가까운 윗단에 있고 무신은 그 아랫단에 있는 것으로 보아 문신과 무신 사이에 차별이 있었음을 알 수 있다.

그런데 여진 정벌을 완전히 마무리하지 못하고 여진족에게 9성을 돌려주면서, 이제는 무력으로 나라를 다스리지 말고 학문과 법에 따라 정치를 해야 한다는 주장, 곧 '문치주의' 풍조가 강해졌어. 묘청의 서경 천도 운동이 실패함에 따라 서경 세력의 힘이 약해졌는데, 이것은 고구려처럼 강한 나라가 되기를 바라는 사람들이 정치에서 밀려났다는 뜻이야. 그 뒤 문치주의 풍조는 더 강해져서, 무신들은 괄시를 받고 벼슬에서도 점점 밀려났어. 이 때문에 무신들은 불만을 품게 되었고, 그 불만이 폭발한 것이 바로 보현원의 무신 정변이었던 거란다.

【죽고 죽이는 무인 집권자들】

무인 정권 시기에도 왕은 있었지만 실제 권력은 무신이 왕보다 더 컸어. 그래서 왕의 신하라는 뜻의 '무신'보다는 그런 의미가 덜한 '무인'이라는 말이 더 적합하지. 무인 정권이 이어진 100년은 세 시기로 나누어 볼 수 있어.

무인 정권이 세워진 초기에는 무인들끼리 권력을 다투느라 서로 죽고 죽이는 일이 이어졌어. 처음 정권을 잡은 사람은 젊은 무사들이 지지한 이의방이었어. 그 뒤 정중부가 이의방을 살해해 정권을 잡았고, 그 뒤에는 무신 정변에 참여하지 않았던 경대승이 정중부를 살해해 정권을 잡았단다. 경대승이 병으로 죽자 무신 정변에서 크게 활약한 이의민이 집권했는데, 노비 출신으로 최고 집권자 자리까지 오른 것이지.

그다음에는 최충헌이 이의민을 암살하고 최씨 정권을 열어 아들 최우, 손자 최항, 증손자 최의로 이어졌어. 최씨가 집권한 60년 동안은 무인 정권이 안정되었지만, 중간에 몽골의 침략을 받아 전쟁이 끊임없이 이어지는 시기였지. 이때는 무신에게 협조하는 문신을 많이 뽑았는데, 「동명왕편」을 지은 이규보도 그런 사람들 가운데 하나였어.

마지막으로는 김준과 임연·임유무 부자로 이어졌어. 최우 정권 때 시작된 몽골과의 전쟁이 길어지자 임유무 정권은 1270년에 무너졌고, 이로써 100년에 걸쳐 집권해 온 무인 정권은 끝이 나고 말았지.

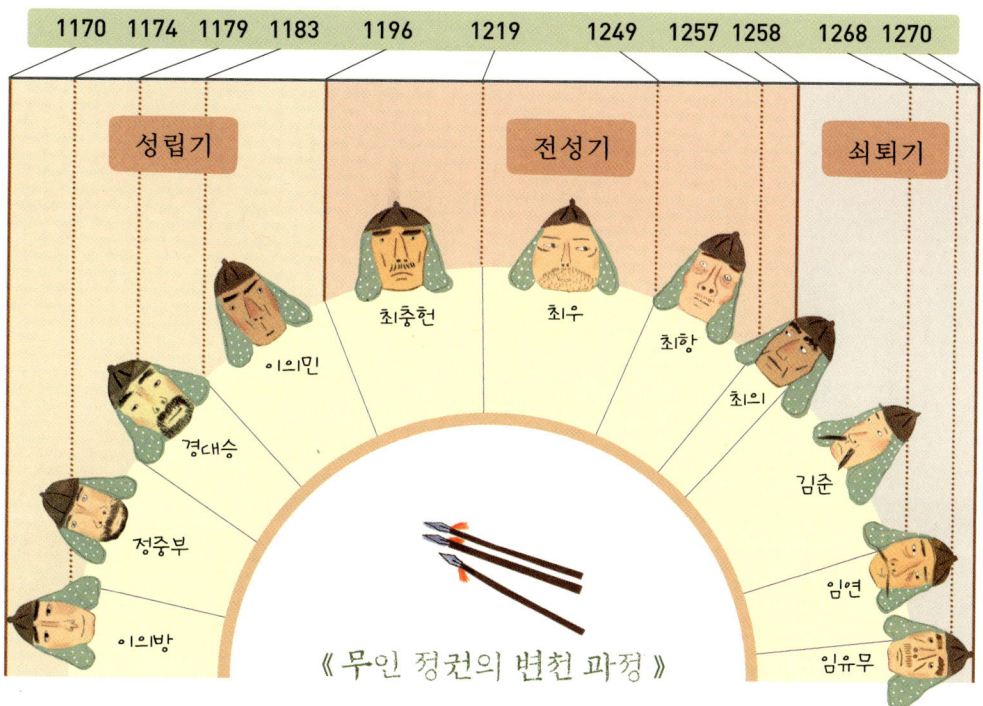

《무인 정권의 변천 과정》

무인 정권의 권력 기구

중방	무인 정권 초기의 지배 기구로 최씨 무인 정권이 들어서기까지 무인들의 권력 기구였다.
도방	경대승이 자신의 신변 보호를 위해 설치한 사병 조직. 무인 정권의 군사적 기반이었다.
교정도감	최충헌이 만든 무인 정권의 정치적 기반으로 우두머리는 교정별감이었다. 무인 정권이 완전히 무너질 때까지 무인 정권의 권력 기구였다.
정방	최우가 자기 집에 만든 인사 기구로 최씨 무인 정권의 정치적 기반이었다. 최우는 또 자신의 거처이자 집무 장소로 진양부를 두었다.
서방	최우가 문신들을 등용하기 위해 세운 기관. 최씨 무인 정권의 중심 기구 가운데 하나였다.
삼별초	최우가 설치한 특수 부대로, 관군과 사병의 성격을 아울러 지녔다.

【 무인 정권을 어떻게 봐야 할까 】

무인 정권 시기에는 민란이 자주 일어났어. 무신이 문신을 몰아내면서 원래의 질서가 흔들린 데다, 평민이나 천민 출신 무인도 자기 힘으로 출세해 높은 벼슬까지 하는 것을 사람들이 직접 보았기 때문이야. 무인 정권은 민란을 너무 잔인하게 억눌러 버렸다고 해서 비난을 받기도 해. 그 당시 노비 만적이 노비들과 함께 거사를 일으키려다가 발각되자, 집권자 최충헌은 거사를 계획한 노비 100명을 강물에 빠뜨려 죽였거든. 물론 무인 정권의 처사는 비난받아 마땅하지만, 문신들이었다 해도 지배층에 저항하는 민란은 똑같이 진압했을 거야.

무인 정권 시기에는 넓은 농토를 가진 사람들이 많아져서 부자와 가난한 사람의 차이가 더 벌어졌어. 나라가 혼란한 틈을 타서 백성들의 몫을 강제

고려 시대의 농사짓기 고려의 불화 「미륵하생경 변상도」에 묘사된 고려 시대 농사짓는 모습. 농민들이 곡식을 베고 옮기고 타작하는 모습과 옆에서 농민을 감독하는 땅 주인의 모습이 그려져 있다.

로 빼앗아 가는 나쁜 관리들도 많았지. 하지만 전체적으로는 농업이 발달하고 토지에 대한 개인의 소유권이 발달했어. 상업과 수공업도 발달했지.

또한 무인 정권 시기에는 신분이나 가문을 따지는 풍조가 많이 사라졌어. 신분이 낮은 사람도 능력만 있으면 얼마든지 관리가 되어 출세할 수 있는 길이 열려 있었던 거지. 노비의 아들인 이의민이나 기녀의 아들인 최항처럼 최고 권력자의 지위에 오른 사람도 있었어. 지체 높은 가문이 아니어도 자기 능력에 따라 벼슬을 하는 사람도 많았단다.

문화도 발전했어. 이 시기에 대문장가들이 많이 등장했는데, 특히 이규보는 고구려의 시조 주몽을 찬미한 「동명왕편」을 지었지.

무인 정권이 군사적인 힘으로 강압적인 통치를 한 것은 사실이지만, 이 시기의 고려 사회가 마냥 어둡고 혼란스럽기만 했던 것은 아니야. 무인 정권이 100년 동안이나 유지된 것은 백성을 무조건 힘으로 억눌렀기 때문은 아니라는 거지. 사회는 사회대로 그만큼 발전하고 있었거든. 몽골이 쳐들어오지 않았다면 무인 정권은 아마 더 오래 이어졌을 거야.

무인 정권 시기 고려 사회에는 힘차고 새로운 변화가 많이 일어났어. 무엇보다도 농업이 발달하고 토지에 대한 개인의 소유권이 발달했다는 것은 그만큼 사회가 발전했다는 뜻이지. 따라서 무인 정권을 무조건 나쁘게만 볼 것이 아니라, 당시 고려의 다양한 모습과 함께 살펴볼 필요가 있단다.

키워드 + 동명왕편

동명성왕을 찬미한 이규보

무인 정권기에 이규보라는 유학자가 있었어. 이규보는 고려뿐 아니라 우리나라 전체 역사에서도 손꼽히는 뛰어난 문장가야.

이규보는 스물두 살 때 과거의 예비고사에 일등으로 합격했지만, 이듬해 본고사에서는 전날 마신 술이 덜 깨어 낮은 성적으로 급제했어. 더욱이 그때는 문신을 푸대접하던 시기여서 벼슬도 얻지 못했지. 그러다 보니 이규보는 몇 년 동안이나 술을 마시고 시를 쓰며 살았다는 구나. 그러는 중에 아버지마저 세상을 떠나자 아예 산으로 들어가 버렸지.

이때 이규보는 「동명왕편」이라는 서사시를 썼단다. 서사시란 역사나 신화, 영웅의 일대기처럼 긴 내용을 운율에 맞추어 이야기하듯이 쓰는 시야. 「동명왕편」은 고구려의 건국 시조인 동명왕 주몽의 이야기를 담고 있어. 그런데 동명왕과 주몽은 원래 다른 사람이야. 동명왕은 부여의 건국 시조이고, 주몽은 고구려의 건국 시조이니까. 그런데 부여에서 갈라져 나온 고구려가 부여를 통합한 뒤 정통성을 내세우기 위해 시조 주몽에게 '동명왕'이라는 칭호를 올렸어. 이리하여 동명과 주몽이 한 인물처럼 되었고, 그 뒤로는 고려 사람들도 주몽을 당연히 동명왕으로 생각했던 거야.

「동명왕편」에 따르면, 하느님의 아들 해모수와 물의 신 하백의 딸 유화는 서로 사랑하다가 헤어졌대. 유화는 임신한 상태에서 부여 금와왕의 작은 부인이 되었어. 유화는 큰 알을 낳았는데, 그 알에서 나온 아이가 바로 주몽이야.

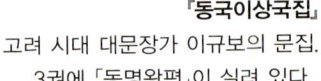

『동국이상국집』
고려 시대 대문장가 이규보의 문집.
3권에 「동명왕편」이 실려 있다.

사가재 몽골군이 고려를 침략하자 이규보는 임금을 따라 강화도로 피난한 뒤 벼슬에서 물러나 이곳에서 말년을 보냈다. 밭이 있어 양식을 얻을 수 있고, 뽕밭이 있어 누에를 쳐서 옷을 지을 수 있고, 샘물이 있어 마실 수 있고, 나무숲이 있어 땔감을 구할 수 있으니 마음에 흡족한 것이 네 가지가 있다 하여 사가재라 이름 지었다고 한다.

　주몽은 어려서부터 활을 잘 쏜 데다 남달리 영특해서 배다른 형들이 시샘을 했어. 나중에는 주몽에게 밀려 자기들 처지가 위태로워지지 않을까 몹시 걱정할 정도였지. 그래서 대소 왕자를 비롯한 주몽의 형들은 주몽을 없애 버릴 틈만 노렸단다.

　주몽의 목숨이 위태롭다는 것을 눈치챈 유화 부인은 주몽을 멀리 떠나보냈어. 주몽은 자신을 따르는 무리와 함께 부여를 탈출해 남쪽으로 내려와 드디어 고구려를 세웠지.

　동명왕 이야기는 당시 고려 사람들이 많이 알고 있던 내용이었는데, 이규보는 헛되고 믿지 못할 이야기로만 알았어. 당시 김부식의 『삼국사기』보다 더 오래된 역사책으로 고려 초기에 나온 『삼국사』가 있었는데, 『삼국사』와 『삼국사기』는 서로 다른 생각을 바탕으로 쓴 것이지. 『삼국사』는 고려가 고구려를 계승한다고 생각한 반면, 『삼국사기』는 신라를 계승한다고 생각했거든. 그래서 동명왕 이야기는 『삼국사기』에도 보이지만 『삼국사』에 더 자세히 실려 있었어.

　이규보는 『삼국사』를 읽고 나서 자신의 생각을 바꾸었어. 다름 아니라 동명왕 이야기가 고구려 건국의 신성한 과정을 담고 있다고 본 거야. 이규보는 김부식이 『삼국사기』에서 동명왕 이야기를 자세하게 쓰지 않은 것을 아쉬워했어. 그래서 고구려를 계승한 고려가 동명왕 같은 성인의 나라임을 천하에 알려야 한다고 결심하고 「동명왕편」을 쓴 거란다. 그러니까 이규보는 「동명왕편」을 써서 고려가 고구려를 계승한 나라라는 사실을 힘써 알리려고 했던 거야.

　아쉽게도 『삼국사』는 지금 남아 있지 않지만, 이규보의 「동명왕편」을 보면 그 내용을 웬만큼 알 수 있어. 그래서 「동명왕편」의 역사적 가치가 더욱 높은 거지.

　이규보는 무인 정권의 최충헌이 권력을 잡았을 때에야 겨우 벼슬을 얻었어. 그 뒤 외국에 보내는 외교 문서를 쓰고 많은 글을 지으면서 뛰어난 글솜씨를 발휘했단다. 나중에는 재상까지 올랐다가 70세에 관직에서 물러났어.

　이규보의 글은 집권자 최우가 명령하여 『동국이상국집』이라는 책으로 편찬되었단다. 이 책은 이규보가 쓴 많은 글을 담고 있는데 물론 젊은 시절에 쓴 「동명왕편」도 들어 있어. 고려의 다양한 모습을 담고 있는 『동국이상국집』은 우리에게 아주 소중한 유산이야.

키워드 22 **수박과 격구**

우리 전통 무예의 원조

너희들은 전통 무예 하면 뭐가 떠오르니? 언뜻 씨름이나 태권도, 택견 같은 게 생각날 거야. 그런데 이 가운데 고구려 벽화에 나오는 씨름만 우리 무예라는 게 분명하고 다른 것은 확실하지 않다고 해. 하지만 실망할 필요는 없어. 씨름 말고도 수박과 격구라는 우리의 전통 무예가 있거든.

【고려의 특공 무술, 수박】

수박은 '손으로 친다'는 이름 그대로 손기술을 많이 쓰는 무예란다. 발을 많이 쓰는 태권도와는 다르지. 고구려 벽화에도 보이듯이 수박은 고구려 이래로 장정들이 갈고 닦은 전투 무술이자 특공 무술이었어. 전쟁이 일어나면 언제든지 맞서 싸우기 위해 평소에 준비를 하고 있었던 거지. 수박은 전쟁에서 싸우다가 무기를 잃어버려도 손 하나로 간단하게 적을 쓰러뜨릴 수 있는 강력한 무술이었어. 물론 발 기술도 적절히 쓸 수 있었지.

고려 시대에도 장정들이 수박을 연습했는데, 특히 군인들은 꼭 배워야 할 필수 종목이었어. 수박의 고수가 되면 출세하기도 쉬웠지. 이의민은 비록 노비 출신 군졸이었지만, 수박을 잘해서 의종의 총애를 받고 무반 벼슬까지 얻었단다. 단지 수박을 잘했을 뿐인데 말이야.

무신 정변 이후 권력을 거머쥔 이의민과 두경승은 수박의 고수였어. 어느 날 두 사람이 서로 주먹 자랑을 했던 이야기는 아주 유명하단다. 먼저 이의민이 주먹으로 기둥을 치니 서까래까지 흔들렸고, 이어서 두경승이 주먹으로 벽을 치니 벽을 뚫고 들어갔다는구나. 두 수박 고수의 대단한 주먹 대

무용총 수박도 고구려 고분 벽화에 묘사된 수박 장면이다. 수박은 고구려 때부터 전해 온 무예이자 스포츠로, 고려 시대에도 유행했다.

결이었지.

수박은 꼭 싸울 때만 하는 것이 아니라 평소에는 스포츠로 즐기기도 했어. 이것을 수박희, 곧 수박놀이라고 했단다.

【 최고의 인기 스포츠, 격구 】

수박처럼 전투 무술이자 스포츠인 무예로 격구가 있었어. 격구는 중국에서 전래했는데, 말을 탄 채 하키를 하듯이 긴 막대기로 공을 쳐서 구문(골대) 밖으로 내보내는 쪽이 이기는 마상 무예란다. 격구는 기마 전술을 익히는 데 꼭 알맞은 무예이자 군사 훈련이었지. 고려 시대에는 남성뿐 아니라 여성도 격구를 즐길 정도로 격구가 인기를 끌었대.

고려는 국가의 주요 행사를 여는 대궐의 광장을 '구정'이라고 했는데, 이

는 '격구를 하는 뜰'이라는 뜻이야. 얼마나 격구를 좋아했으면 대궐의 뜰을 그렇게 불렀을까?

고려의 왕들 중에서는 특히 의종이 격구를 좋아해서 무신들과 어울려 직접 격구도 하고 격구 경기를 즐겨 관람했대. 그런데 무신들을 시기한 문신들의 반발이 심해지자 격구를 멀리하는 대신 문신들과 어울려 시를 지으며 차츰 유흥에 빠졌다는구나. 무신들이 정변을 일으키고 왕을 몰아낸 데에는 이러한 이유도 있었단다.

무인 집권자 최우는 몽골이 쳐들어와 도읍을 강화도로 옮긴 와중에도 자기 집에 넓은 격구장을 만들어 경기를 벌였다고 하는구나. 고려 말의 장수이자 조선의 첫 임금인 이성계도 격구의 달인이었대. 이성계가 말을 탄 채 자유자재로 활을 쏘고 칼을 휘두를 수 있었던 것도 평소에 격구를 많이 한 덕분이지. 조선 시대에도 격구를 했지만 유교의 문치주의가 힘을 얻으면서 열기가 많이 식었다고 해.

수박은 지금도 어느 정도 맥이 이어지고 있지만 일반 사람들에게 널리 알려지지는 못했어.

전통 무예를 오늘에 맞게 되살리고 널리 보급하는 것은 몸을 튼튼히 하고 호탕한 마음씨를 길렀던 조상들을 본받는 일이란다. 어때, 너희들도 수박을 배워 보지 않을래?

택견 수박을 계승한 무예로 알려진 택견은 수박이 손기술 위주인 데 비해 발 기술 위주라는 점이 다르다.

키워드 23　만적의 난

천대받는 사람들이 꿈꾼 평등한 세상

민주주의 시대에는 국민에게 주권이 있지만, 왕조 시대에는 왕과 관리들이 나라의 주인이었지. 농민들은 힘들게 일하고 세금을 바쳐 왕과 관리들을 먹여 살려야 했고, 노비들은 주인을 위해 평생을 뼈 빠지게 일해야 했어. 그렇다고 농민과 노비들이 늘 당하고만 있었던 것은 아니야. 지배층의 지나친 착취에 백성들은 봉기를 일으켜 저항했지. 그중 만적의 난은 특히 천민인 노비가 노비 해방을 위해 일으킨 봉기라는 점에서 여느 봉기와 사뭇 다르단다.

【 온 나라로 퍼진 항쟁의 물결 】

무신 정변이 일어나고 사회가 혼란스러워지자 나라의 힘이 지방까지 미치지 못하는 일이 생겼어. 이 틈을 타서 권력자는 물론 지방의 관리와 세력가들까지 농민의 땅을 빼앗거나 더 많은 세금을 걷으며 농민을 괴롭혔지. 농민들은 늘 노동과 세금에 시달리던 터라 불만이 많았지만, 나라의 힘이 강력할 때에는 참고 있을 수밖에 없었어. 그런데 나라의 힘이 약해지자 농민들도 더 이상 참지 않고 들고일어났지.

고려 시대 전기에도 땅을 잃은 농민들이 간간이 들고일어나긴 했지만, 무인 정권기에는 온 나라로 저항이 번져 갔단다.

농민들은 전국에서 일어섰어. 먼저 서북면(지금의 평안도) 지역에서 봉기가 일어났는데, 서경이 중심 지역이었어. 1174년, 서경을 다스리던 조위총이 무인 정권에 대항하여 군사를 일으키자 농민들이 합세했어. 물론 여기에는 묘청의 서경 천도 운동이 실패해 서경 사람들이 불이익을 당했던 사실도

작용했지.

　충청도 지역에서는 공주 명학소 사람들이 반기를 들었는데, 망이와 망소이가 주도했어. 지방의 특수 행정 구역인 향·소·부곡은 일반 행정 구역인 군·현에 비해 차별을 받았어. 특히 '소'에 사는 사람들은 농사를 지으면서 남는 시간에도 여러 가지 물건을 만들어 나라에 바쳐야 했기 때문에 부담이 더 컸어. 그런 불만이 쌓여 있다가 공주의 명학소에서 먼저 폭발한 거야.

　명학소 사람들이 공주를 함락시키고 충주 지역까지 진출하자 무인 정권은 안 되겠다 싶었는지 명학소를 일반 행정 구역으로 높여 주었어. 그래서 명학소 사람들이 칼을 거두고 백성의 생활로 돌아가자, 무인 정권은 이 틈을 노리고 토벌군을 파견했어. 분노한 명학소 사람들은 다시 봉기하여 이번에는 개경까지 공격하겠다고 다짐했지. 천안 일대까지 치고 올라가며 세력을 떨쳤지만 명학소 사람들은 결국 토벌군에게 진압당하고 말았단다. 이들

자기소에서 도자기를 만드는 사람들

의 항쟁은 1년 6개월이나 이어질 정도로 끈질기고 치열했어.

　농민 항쟁의 물결은 이제 경상도까지 퍼져 나갔는데 그 중심지는 경주 일대였어. 이 지역은 원래 신라의 왕경이었지만 고려에 나라를 내주면서 '경주'로 지위가 떨어진 곳이지. 시간이 지나 경주는 '동경'으로 지위가 높아지긴 했지만, 자존심이 강한 이곳 사람들은 늘 피해 의식을 갖고 있었단다. 그러던 참에 무신 정변이 일어나 나라의 관리가 허술해지고 권력자들이 경상도 사람들을 수탈하기 시작하자 경주를 중심으로 봉기가 일어난 거야.

　경주 사람들이 일으킨 봉기는 신라 부흥을 내세운 점이 달랐어. 그들은 이 기회에 신라를 부활시켜 고려와 한강을 사이에 두고 맞서려고 했지. 당시 집권자였던 이의민도 신라가 부활하면 자기가 왕이 될 수 있다는 생각에 경주의 봉기군과 몰래 뜻을 같이했다는 기록이 있지만 확실하지는 않아. 이의민은 경주가 고향이었기 때문에 그곳 사람들을 해치지 않고 조용히 해결하려고 했어. 하지만 이의민을 암살하고 권력을 잡은 최충헌은 봉기군을 강하게 진압하는 정책으로 방향을 바꾸었단다.

　결국 경주 사람들의 신라 부흥 운동은 실패로 끝이 나고 말았어. 신라 부흥 운동이 실패한 가장 큰 이유는 무인 정권이 경상도 여러 고을을 구슬려서 경주 사람들과 힘을 합하지 못하도록 방해했기 때문이야. 특히 안동과 그 옆의 영주가 무인 정권에 협조하여 경주에 반기를 든 것이 큰 타격을 주었지.

【 노비 해방을 시도하다 】

무인 정권에 저항하는 봉기에 참여한 사람들은 평민만이 아니었어. 천민인 노비들도 전라도 전주에서 군졸이 일으킨 봉기에 참여한 것을 시작으로 무인 정권에 강력하게 저항했단다. 그중 개경에 사는 만적이라는 개인 노비의

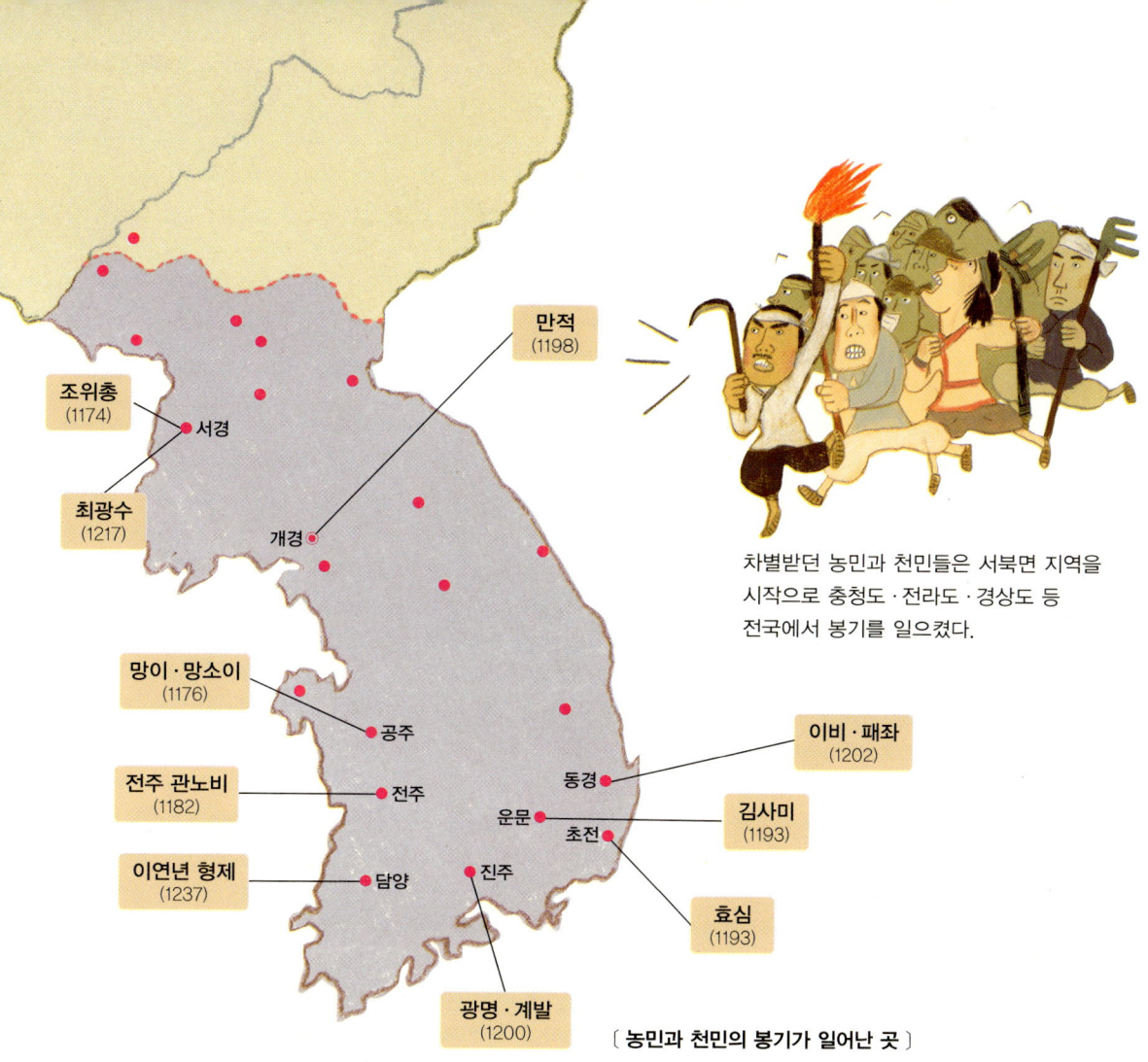

차별받던 농민과 천민들은 서북면 지역을 시작으로 충청도·전라도·경상도 등 전국에서 봉기를 일으켰다.

〔 농민과 천민의 봉기가 일어난 곳 〕

활약이 두드러졌어.

1198년 5월, 만적은 개경의 북산에 나무하러 올라가서 노비들을 불러 모아 놓고 이렇게 말했지.

"무신 정변이 터진 뒤로 고관대작이 노비 중에서 많이 나왔다. 왕후장상(왕·제후·장수·재상을 아울러 이르는 말)의 씨가 어찌 따로 있으랴. 때가 되면 우리도 될 수 있는 것이다. 어찌 우리만 뼈 빠지게 일하면서 매질을 당하며 곤욕을 치러야 하는가!"

이렇게 울분을 토한 만적과 다른 노비들은 정변을 일으키기로 약속했어.

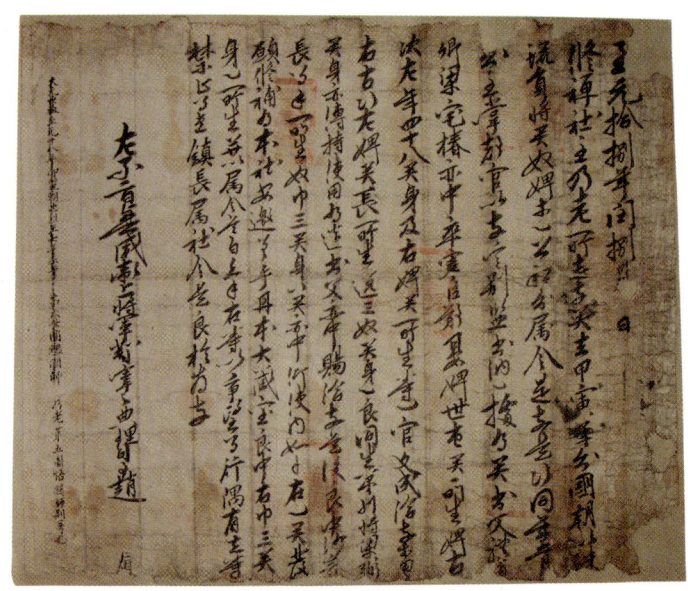

송광사 노비 문서
공민왕 때 수선사(지금의 송광사) 주지가 아버지에게서 물려받은 노비를 수선사에 바친다는 내용이 적혀 있다. 중생을 구제한다고 하는 불교 사원조차 땅을 경작하고 시중들 노비를 많이 거느렸다. 보물 572호.

거사 날이 되면 각자 자기 주인을 죽이고 노비 문서를 불태워 고려에서 노비를 없애자고 말이야. 그리고 대궐을 점령해 벼슬자리도 차지하기로 했어. 대궐의 환관(내시)들 중에는 노비 출신이 많으니 그들도 함께 일어설 것이라 기대했지.

참으로 대단한 계획이었지만, 막상 약속한 날이 되자 모인 사람은 몇백 명밖에 되지 않았어. 만적은 동지들에게 며칠 뒤에 다시 모이자고 했지. 그런데 그중 한 명이 자기 주인에게 일러바치는 바람에 거사 계획이 들통 나고 말았어. 최충헌은 봉기를 꾸민 만적과 다른 노비 100여 명을 강물에 빠뜨려 죽였단다.

이 거사가 성공해서 노비가 해방되었다면 어땠을까?

우리나라에서는 노비 제도가 조선 시대까지 이어져 노비가 전체 인구의 40퍼센트에 이르렀어. 원래 대대로 노비였던 사람도 있지만, 흉년이 들었을 때 빌린 곡식을 갚지 못해 노비가 된 사람도 많았거든. 단순히 빚을 갚지 않았다고 평민을 자기 종으로 만들고 그 자식들에게까지 신분의 굴레를 씌웠던 거야. 노비들은 대부분 힘들게 일하면서도 겨우 목숨만 유지할 정도로 가난하게 살았어. 그러면서도 툭하면 주인에게 매를 맞기 일쑤였지.

만적이 일으키려 했던 봉기는 많은 사람들이 노비라는 신분에 얽매여 엄청난 고통을 받았다는 사실을 말해 준단다. 비록 실패하긴 했지만, 천민이 스스로의 힘으로 신분 해방을 목표로 정변을 일으킨 것은 우리나라 역사에서 처음 있는 일이었어. 그들은 자신들이 살고 있는 사회의 신분 제도를 바꾸겠다고 선언하고 실행 직전까지 갔던 거야. 노비 만적은 죽어서 짧은 기록으로 남았지만, 우리에게 고려 사회의 참모습을 알려 주는 큰일을 한 거란다.

흥국사 탑 노비 만적이 거사 장소로 정한 흥국사에 있던 탑이다. 지금은 개성의 고려 박물관(성균관) 야외 전시장에 옮겨져 있다.

키워드 24　고려청자

세계 최고의 도자기를 만들다

인류는 흙과 돌, 철 등을 이용하여 여러 가지 물건을 만들며 생활을 발전시켰어. 그중 그릇은 먹고 사는 일에 없어서는 안 될 중요한 물건이었지. 우리나라는 신석기 시대에 처음 흙으로 그릇을 만든 이래 여러 시대를 거치면서 그릇의 모양과 기술을 계속 발전시켜 왔어. 그러다가 신라 말기에서 고려 초기에 이르러 예전과는 전혀 다른 그릇이 탄생했어. 바로 자기란다.

【 토기 · 도기 · 자기 】

흙으로 만든 그릇은 만드는 방법과 재료에 따라 토기 · 도기 · 자기로 나뉜단다. 신석기 시대와 청동기 시대에 만들어진 토기는 맨땅에 모아 놓고 구웠어. 그러나 철기 시대부터 신라에 이르는 시기에는 가마 시설을 이용해 섭씨 1,100도가 넘는 고온에서 구웠지. 흙으로 빚은 그릇은 높은 온도에서 구울수록 더 단단해져. 그래서 이렇게 만들어진 그릇을 '경질 토기(단단한 질그릇)' 또는 도기라고 한단다.

신라 말기에서 고려 초에는 더욱 우수한 그릇이 탄생했어. 바로 자기인데, 만드는 방식이 좀 복잡해. 토기와 도기는 한 번을 굽는데 자기는 두 번을 구워. 자기에는 유약도 바르지. 재료도 달라. 자기는 아무 흙이나 쓰지 않고 규석이라는 광물이 50퍼센트쯤 들어간 흙을 쓴단다. 자기를 보면 겉면에 광택이 나지? 가마에서 그릇을 구울 때 흙과 유약에 섞인 광물이 녹으면서 유리 재질로 변하기 때문이야. 그래서 자기는 보기에도 아름답고 더 단단한 거야.

【고려청자의 탄생】

자기는 우리나라에서 발명한 그릇은 아니야. 중국에서 처음 만든 최첨단 제품이었지. 10세기 무렵 세계에서 자기를 만들 수 있는 나라는 중국과 고려뿐이었어. 장보고가 완도에 청해진을 설치하고 무역을 할 때 중국의 백자와 청자가 신라로 들어왔고, 그 뒤 9세기 말에서 10세기 초에 우리나라에서 처음 청자가 만들어졌지.

우리나라에서 청자를 본격적으로 만들기 시작한 때는 후삼국 시대와 고려 시대에 이르러서란다. 당시 중국 오월국의 월주 지역에서는 품질이 우수한 청자를 만들었어. 우리나라와 오월국 사이에는 승려나 사신들이 자주 오갔는데, 오월국 사람 중에는 고려로 와서 고려인이 된 사람도 있었어. 이렇게 교류를 이어 가면서 자연스레 월주 지역의 자기 제작 기술을 익혀 청자를 만들 수 있었던 거야.

이 무렵 고려에서는 선종 불교가 유행해서 스님들은 참선에 도움이 되는 차를 많이 마셨단다. 이때 찻잔으로 자기를 많이 이용했고, 지배층에서도 여러 용도로 자기를 좋아하게 되었지. 그런데 오월국에서 수입하는 자기로는 물량이 부족해지자 고려에서 직접 만들기로 한 거야. 그 뒤 고려 사람들은 빼어난 청자를 만들어 수준 높은 문화를 누릴 수 있었고, 청자를 수출해 많은 이익을 보기도 했단다.

도자기를 굽는 작업장도 여러 곳으로 퍼져 갔어. 특히 전라도의 강진과 부안이 유명했지. 그러자 자기 생산량이

청자 순화 4년명 항아리 항아리의 굽 밑에 '순화 4년'이라는 글자가 새겨져 있어 993년에 고려 사람이 직접 만든 초기 청자라는 것이 밝혀졌다. 중국 오월국의 청자 기술을 받아들여 만든 것으로, 담녹색을 띠어 청자로 보기에는 미흡한 점이 많지만 초기 고려청자의 성립을 알려 주는 귀중한 유물이다. 높이 35cm, 보물 237호.

찻그릇
고려 초기에는 차를 주전자로 따라 마시지 않고 찻잎을 말려서 갈아 만든 가루차를 찻그릇 물에 풀어 마시는 게 유행했다.

늘어나면서 승려나 지배층만이 아닌 일반 백성들도 조금씩 자기를 쓸 수 있게 되었단다. 강진과 부안에서 만든 도자기는 품질이 가장 뛰어나서 전국적으로 인기를 끌었어. 그곳의 도자기는 배에 실어 도읍 개경으로 나르거나 외국으로 수출했어. 차 문화가 일반 백성들 사이에서도 유행하면서 청자를 쓰고 싶어 하는 사람들은 더욱 늘어났지. 고려 시대에 좋은 차와 청자 찻잔은 인기 있는 선물 세트였다고 하는구나.

【 비색 청자와 상감 청자 】

고려청자는 차츰 중국 자기의 모양과 기법에서 벗어나 고려만의 독창성을 갖게 되었어. 특히 고려청자의 빛깔은 은은한 비색(은은하고 맑은 푸른빛이 도는 색)으로, 하늘과 바다, 산과 물, 숲의 푸른빛을 마음에 담아 만들어 낸 색이야. 인간과 대자연이 감정을 나누면서 자연스럽게 생겨난 색이지. 이런 색은 고려 기술자가 아니면 도저히 만들어 낼 수 없는 귀한 기술이었단다.

송나라 사신으로 고려에 왔다가 『고려도경』이라는 책을 쓴 서긍은 고려의 청자를 보고 제작 기술과 아름다움에 감탄했어. 나아가 도자기의 본고장인 중국 사람들마저도 고려의 비색 청자를 천하제일이라고 칭찬했단다.

청자의 빛깔뿐만 아니라 제작 기법도 더욱 발달했어. 고려는 이때 처음으로 자기에 상감 기법을 이용했지. 상감 기법이란 흙으로 빚은 물건 겉면에 무늬를 새기고 거기에 희거나 붉은 흙을 바른 뒤 긁어내는 방식이야.

고려자기는 상감 청자를 만들면서 가장 발달했어. 대궐에서는 정자의 지붕을 청자로 덮을 정도였단다.

청자 기와

《비색 청자와 상감 청자》

비색 청자는 순수한 푸른빛을 띠는 청자를 말하는데, 무늬가 없으면 순청자라고도 한다. 대개 단순한 문양으로 양각이나 음각을 했고, 동·식물의 모양을 본뜬 상형 청자가 많았다. 상감 기법은 고려만의 독특한 청자 기술로, 비색 유약과 함께 고려청자의 중요한 특징이다. 고려 사람들은 식기는 물론 다양한 생활용품을 청자로 만들어 썼다.

청자 참외 모양 병
고려 인종의 무덤에서 출토된 것으로 가장 뛰어난 비색 청자로 꼽힌다. 12세기, 높이 22.9cm, 국보 94호.

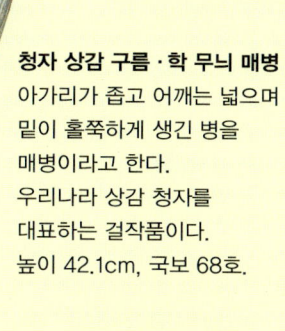

청자 상감 구름·학 무늬 매병
아가리가 좁고 어깨는 넓으며 밑이 홀쭉하게 생긴 병을 매병이라고 한다. 우리나라 상감 청자를 대표하는 걸작품이다. 높이 42.1cm, 국보 68호.

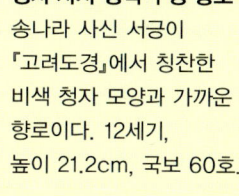

청자 사자 장식 뚜껑 향로
송나라 사신 서긍이 『고려도경』에서 칭찬한 비색 청자 모양과 가까운 향로이다. 12세기, 높이 21.2cm, 국보 60호.

청자 상감 국화무늬 탁잔
상감 기법으로 만든 잔과 잔받침이다. 12세기, 전체 높이 12.6cm.

《 상감 청자 만들기 》

1 반죽하기
잘 정제된 흙에 물을 섞어 반죽한 뒤,
발로 밟거나 방망이로 두들겨서
공기구멍을 없애고 차지게 반죽한다.

2 모양 만들기
반죽한 흙을 물레 위에 올려놓고
시계 방향으로 물레를 돌리면서
손으로 원하는 그릇 모양을 만든다.

3 무늬 새기기
그늘에서 그릇을 반쯤 말린 뒤,
원하는 문양을 새기거나
그림을 그려 넣는다.

4 상감 기법 과정

넓적한 붓으로 그릇에
하얀 흙을 바른다.

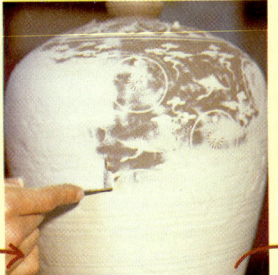

하얀 흙을 긁어내서
무늬가 드러나게 한다.

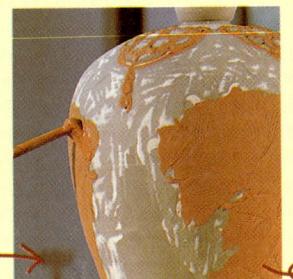

검은색으로 표현할 무늬와
그 주변에 붉은색 흙을 바른다.

붉은색 흙을 긁어낸 다음
다듬는다.

5 초벌 구이
그릇을 그늘에서 말린 뒤
700~800도 정도의 불에 굽는다.

6 유약 바르기
구워 낸 그릇에 유약을 골고루 바른다.
유약을 바르면 광택이 나고 방수가 된다.

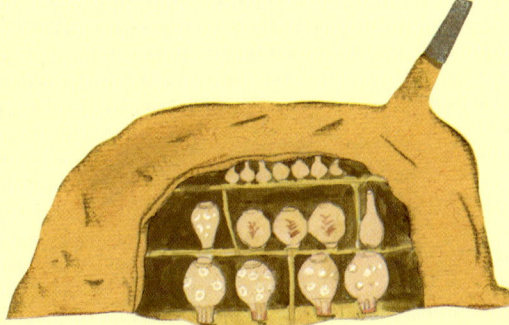

7 재벌 구이
그릇을 적당한 간격으로 잘 쌓은 뒤
1,200도 이상의 불에 한 번 더 굽는다.

청자는 고려가 몽골의 침입을 받아 도읍을 강화도로 옮겼을 때에도 여전히 만들어졌어. 그러나 전쟁이 길어지면서 차츰 전라도 남쪽까지 피해가 미치자 생산에 큰 타격을 입었지.

1270년에 무인 정권이 무너지고 고려 정부는 다시 개경으로 돌아갔어. 이때부터 원나라의 간접 지배를 받았는데, 도자기도 원나라의 영향을 받아 실용적이고 대중적인 특징을 띠게 된단다. 하지만 예전처럼 품질 좋은 청자를 만들지는 못했어.

고려 말에는 왜구가 침입하는 바람에 청자를 만드는 해안 지역이 큰 피해를 입었어. 도자기 생산 시설이 파괴되고 도공들은 전국으로 흩어졌지. 청자 산업은 큰 타격을 입어 쇠퇴하지만, 청자 기술자들은 전국에서 다시 자기를 만들기 시작했어. 이때부터 청자의 품질은 비록 낮아지지만 쓰임새가 더욱 좋아지고 백성들도 더 많이 쓸 수 있게 된단다. 청자 하면 화려하고 고급스러운 물건인 줄로만 알지만, 상류층만 청자를 썼던 것은 아니야. 청자도 고급 제품과 값싼 제품이 따로 있어서 각자 형편에 맞게 이용할 수 있었거든. 물론 대부분의 백성들은 도기나 나무 그릇을 주로 사용했지.

아름다운 고려청자는 두말할 필요도 없이 우리나라의 소중한 문화유산이야. 하지만 청자를 만든 사람들은 이름 없는 자기 기술자들이고, 그것을 사용한 사람들은 주로 왕족과 관리들이었다는 사실도 함께 기억해야겠지? 청자의 아름다움만 알고 그 속에 담긴 고려의 역사를 몰라서는 안 되니까 말이야.

녹청자 비색의 고급 청자를 사용할 수 없었던 계층을 위해 다량으로 만든 중하급의 청자로 막청자라고도 한다. 전라남도 앞바다에서 인양된 완도선에서 발견되었는데, 이 배에서는 대접과 접시 등 일상생활에 사용하는 그릇들이 많이 나왔다.

고려청자의 세계

아무런 무늬 없이 순수하게 푸른빛만을 지닌 순청자부터 음각·양각·투각 기법 등으로 다양한 문양을 낸 상형 청자, 상감 청자, 철화 청자, 퇴화 청자, 철채 청자 등에 이르기까지 다양한 기법과 안료로 문양과 색을 다채롭게 표현한 고려청자를 감상해 보자.

청자 상감 넝쿨무늬 완
고려청자의 전성기 때 만들어진 찻그릇으로, 12세기 중반 고려청자의 상감 기법이 발달하는 과정과 수준을 잘 보여 주는 귀중한 작품이다.
12세기, 높이 6.2cm, 입지름 16.8cm, 국보 115호.

청자 투각 칠보무늬 향로
조각칼로 윤곽을 파서 구멍이 나게 만드는 투각 기법과 양각·음각·상감 기법 등 다양한 기법으로 만든 뛰어난 향로이다.
12세기, 높이 15.3cm, 국보 95호.

청자 어룡 모양 주전자
머리는 용, 몸통은 물고기 모양을 한 상형 청자이다. 고려청자에는 사자, 기린, 원숭이, 오리, 상상 속 동물 등 동물 모양의 상형 청자가 많다.
12세기, 높이 24.3cm, 국보 61호.

청자 철화 버드나무 무늬 병
무늬를 새기는 대신 산화철 성분의 안료를 개어 붓으로 그리는 방식으로 만든 철화 청자이다. 12세기, 높이 31.4cm, 국보 113호.

청자 철화 모란 넝쿨무늬 장구
철화 기법으로 만든 청자로, 완도선에서 발견되었다.
12세기, 길이 51.3cm.

청자 음각 연꽃 넝쿨무늬 매병
조각칼로 연꽃 넝쿨무늬에
홈을 내어 무늬를 새기는
음각 기법으로 만든 매병이다.
12세기, 높이 43.9cm,
국보 97호.

청자 양각 연꽃잎 무늬 대접
연꽃잎 무늬 주변을 조각칼로
파내어 무늬를 도드라지게 하는
양각 기법으로 만들었다.
12세기, 높이 8.3cm.

청자 상감 연꽃 넝쿨무늬 주전자
보통 상감은 무늬를 음각으로
새긴 뒤 흙을 메우는 방식인데,
이 주전자는 반대로 무늬를
양각으로 새겼다.
12세기 말, 높이 21cm.

청자 상감 용·봉황 무늬 대접과 숟가락
그릇의 모양과 무늬가 매우 기품 있고
용과 봉황 등이 새겨진 것으로 미루어
왕실용으로 특별히 제작한 고급품으로
보인다. 13세기, 높이 19.3cm. 국보 220호.

청자 양각 퇴화 여의두 연꽃무늬 병
붓을 이용하여 흙으로 무늬를 그리는 점은
철화 청자와 같지만, 그릇 표면에 점이나
무늬를 도드라지게 하는 퇴화 기법으로
만든 청자이다. 12세기, 높이 23cm.

청자 상감 모란·구름·봉황 무늬 화분
화분 바닥과 받침대
위에 구멍이 뚫려 있다.
14세기, 높이 23.3cm.

청자 철채 퇴화 잎무늬 매병
그릇 전체에 철분이 섞인 흙을 바르고
흰색으로 잎을 자유분방하게 그린
철채 청자이다. 12세기, 높이 27.3cm,
보물 340호.

키워드 25 　불교 정화 운동

새로운 불교 운동

우리나라는 어느 산에나 절이 꼭 있지. 부처님의 말씀을 배우고 실천하는 곳이라는 점에서는 어느 절이나 같지만, 그 속에는 여러 갈래가 있어. 이것을 종파라고 해. 우리나라 불교에는 여러 종파가 있는데, 그중에서 조계종이 가장 세력이 커. 원래 조계종은 고려 시대 선종의 전통을 이어받은 종파인데, 선종은 무인 정권기에 일어난 불교 정화 운동을 통해 세력이 커졌단다.

【 무인 정권과 교종 불교가 갈등하다 】

고려의 불교는 교리를 중시하는 교종과 참선을 중시하는 선종으로 이루어졌다가, 대각국사 의천이 둘을 절충해 만든 천태종이 보태졌어. 선종 승려들은 천태종과 달리 보이기 위해 자신의 종파를 조계종이라 부르기를 좋아했어. 개경 일대에 기반이 강한 교종은 왕실, 문벌 가문, 고위 관리들과 가까웠던 반면, 선종은 지방에 기반이 강했고 좀 더 다양한 계층의 사람들이 믿었단다.

그런데 무신 정변이 일어나 무인이 정권을 거머쥐자 불교계에 큰 변화가 일어났어. 원래 교종은 부처님의 말씀이 담긴 경전을 많이 공부해야 깨달음에 이를 수 있다고 가르쳤어. 그래서 교종 공부를 많이 할 수 있는 왕이나 문신 관료와 가까웠지. 그랬기 때문에 무신들이 정변을 일으켜 문신들을 몰아내자 개경에 있는 수많은 교종 사찰들이 반발했어. 교종 승려들은 무인 정권을 무너뜨리기 위해 무기를 들고 개경성을 공격했어. 치열한 싸움 끝에 이의방의 군대가 승려들을 누르고 사원을 불태웠지만, 교종 승려들의 도전은 계속되었단다. 무인 정중부의 아들 정균은 승려를 시켜 이의방을 암살했어. 또 비록 실패하긴 했지만, 승려들은 최충헌을 쫓아내려고 시가전을 벌이기도 했지.

무인 집권자 최충헌은 무인 정권에 끊임없이 도전하는 교종 불교를 누르기 위해 교종과 경쟁 관계에 있던 선종 불교를 키워 주었어. 더욱이 무인들은 복잡한 교리보다는 단순한 참선을 더 좋아했기 때문에 선종과 가까웠지. 이렇게 해서 무인 정권기에는 교종이 눌리고 선종이 유행하게 된 거야.

【 지눌의 불교 정화 운동 】

무인 정권기에 선종이 유행한 것은 무인들이 선종을 더 좋아했기 때문이기도 하지만, 한편으로 선종 승려들이 스스로 많은 노력을 기울였기 때문이기도 해. 특히 선종의 승려인 지눌은 당시의 불교에 대해 비판적이었어. 많은 절과 승려들이 수행은 게을리 하고 권력자들과 가까이 지내면서 재물과 권력에만 정신이 팔려 있었거든.

지눌은 이렇게 타락한 불교를 비판하고 올바른 수행을 하기 위한 개혁 운동을 벌였어. 이것을 '결사 운동'이라고 해. 결사란 목적이 같은 사람들이 모여서 만드는 단체를 말해. 그러니까 지눌은 새로운 종파를 만든 것이 아니라 진정한 수행을

보조국사 지눌의 초상
전라남도 순천 송광사 국사전에 모셔져 있는 16국사 초상화 가운데 하나이다. 보물 1043호.

위한 단체를 만든 거지. 처음에는 지금의 대구 팔공산에서 정혜 결사(정혜사)를 만들었어. 그러다가 많은 사람들이 뜻을 같이하기 위해 몰려들자 지금의 전라남도 순천 조계산으로 옮겼는데, 이때부터 '수선사'라는 이름으로 불렸어. 그 뒤 많은 사람들이 지눌의 활동에 뜻을 같이하여 수선사가 고려 선종(조계종)의 중심지가 되었단다. 이 수선사가 오늘날의 송광사인데, 훌륭한 큰스님들이 많이 나온 사찰로 유명하지.

  지눌은 무엇보다도 승려가 세속에 물들어 가는 현실을 비판하면서, 모름지기 승려는 깊은 산 속에 숨어 살면서 수행에 힘써야 한다고 강하게 주장했어. 지눌은 선종 승려였지만 교리도 중요하게 여겼어. 참선만 제일로 여기고 교리 공부를 게을리 하는 승려들을 비판하면서 선종과 교종이 서로 조화되기를 바랐지. 지눌의 이러한 결사 운동을 바탕으로 무인 정권기는 선종의 시대가 되었단다.

【 요세의 불교 정화 운동 】

당시 지눌에 못지않게 고려 불교에 큰 영향을 끼친 인물로 천태종 승려인 요세가 있었어. 요세는 처음에 지눌의 결사에 참여했다가 지눌과 뜻

백련사 원묘국사 요세가 백련 결사를 일으킨 곳이다. 전라남도 강진 만덕산에 있다.

이 달라 전라도 강진 만덕산에서 따로 천태종 백련 결사(백련사)를 만들었어. 요세의 백련사는 왕자 출신의 승려 의천이 개창한 천태종을 널리 알렸다는 점에서 의의가 컸단다.

요세는 일반 백성들과 함께 하루에도 여러 차례 예배하고 참회하는 수행을 열심히 했어. 요세는 마치 신라의 원효 대사처럼 '나무아미타불, 관세음보살'을 계속 외우면서 구원받기를 간절히 바랐단다. 백성들은 현실의 고통에서 벗어나고 죽은 뒤에는 극락에 가기를 빌며 요세의 가르침을 힘껏 따르게 되었지. 그러니까 지눌의 수선사가 지식인들에게 환영을 받았다면, 요세의 백련사는 백성들이 크게 따랐던 셈이야.

【 조계종과 천태종이 유행하다 】

지눌의 수선사 운동과 요세의 백련사 운동은 고려 불교계에 큰 영향을 주었어. 두 결사 운동이 사람들의 마음을 사로잡으면서 선종과 천태종이 크게 유행한 반면에 교종은 뒤로 밀려나 약해졌지. 게다가 무인 정권은 자신들을 공격하는 교종을 억누르기 위해 수선사와 백련사를 계속 밀어주었어. 그리하여 무인 정권과 두 결사 운동은 점점 가까워졌단다. 그 뒤로 선종과 천태종은 쌍벽을 이루며 고려 말까지 번창했어.

조선 시대에 이르자 유학자들은 불교를 비판했어. 그래서 불교는 탄압을 받아 교종과 선종이 강제로 합쳐졌다가 나중에는 아무 종파도 남지 않게 되지. 불교는 1876년 일본과 강화도 조약을 맺어 문호를 개방한 뒤에야 다시 살아난단다. 이때 여러 종파가 생겨났는데 그중 조계종이 지금까지 가장 번성하고 있어. 이렇게 된 데에는 조계종이 지눌의 수선사 운동을 이어받는다는 뜻이 바탕이 되었지. 그러니까 지눌의 불교 개혁 운동이 현재 우리나라의 조계종으로 이어지고 있는 거란다.

3 세계 속의 고려

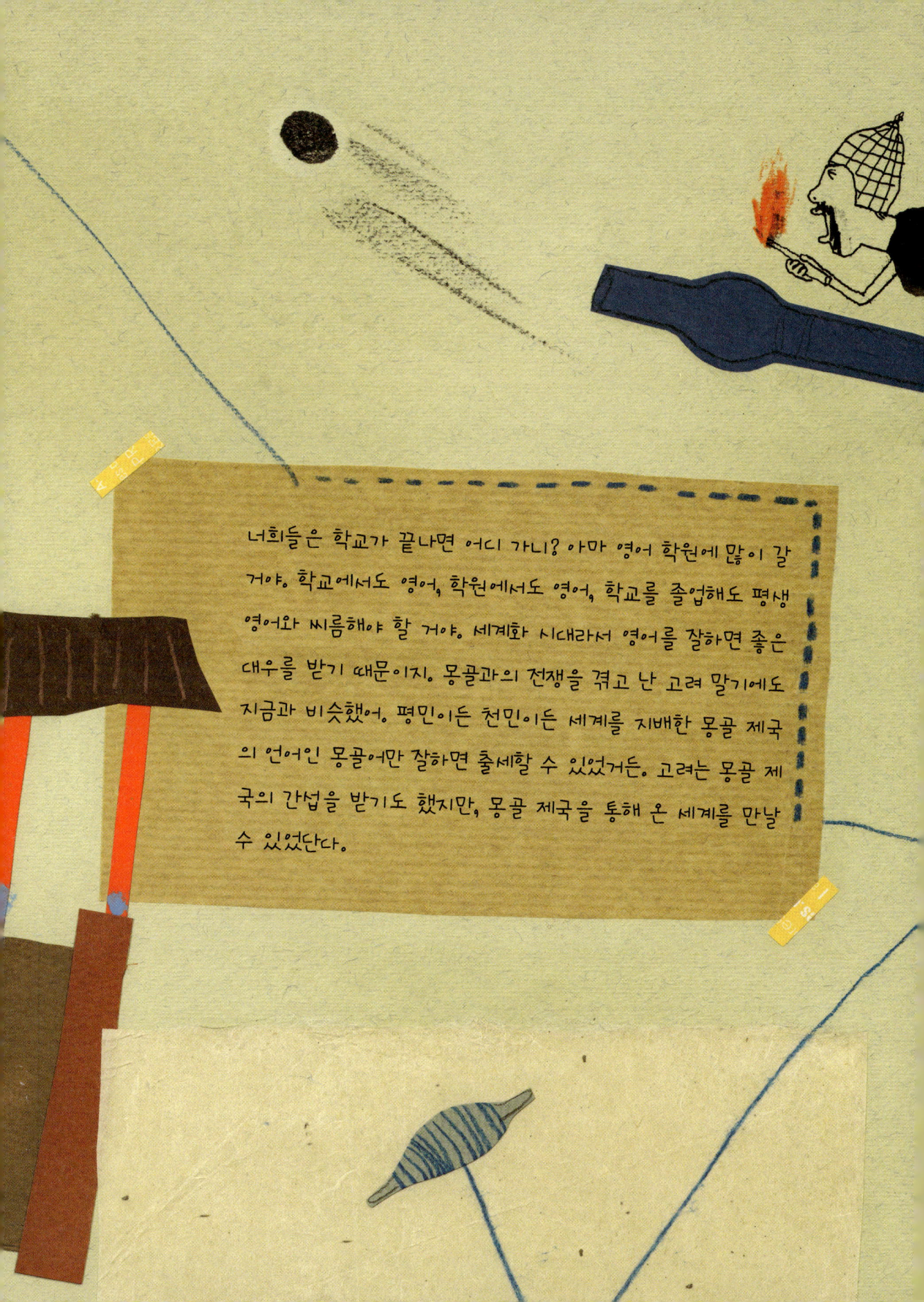

너희들은 학교가 끝나면 어디 가니? 아마 영어 학원에 많이 갈 거야. 학교에서도 영어, 학원에서도 영어, 학교를 졸업해도 평생 영어와 씨름해야 할 거야. 세계화 시대라서 영어를 잘하면 좋은 대우를 받기 때문이지. 몽골과의 전쟁을 겪고 난 고려 말기에도 지금과 비슷했어. 평민이든 천민이든 세계를 지배한 몽골 제국의 언어인 몽골어만 잘하면 출세할 수 있었거든. 고려는 몽골 제국의 간섭을 받기도 했지만, 몽골 제국을 통해 온 세계를 만날 수 있었단다.

키워드 26 대몽 항쟁

자랑스러운 항쟁의 역사

고려는 500년을 이어 오는 동안 여러 차례 전쟁을 치렀어. 고려 시대에는 특히 북방에서 유목 종족인 거란·여진·몽골 간의 세력 교체가 심해 그 여파가 고려까지 밀려왔고, 일본에서는 내전이 자주 일어나 왜구들이 내전을 위한 전쟁 물자를 조달하기 위해 고려를 침략했기 때문이야. 거란·여진·몽골을 비롯해 중국의 홍건적, 남쪽의 왜구까지 사방에서 외적들이 고려를 침략했지만, 고려는 그때마다 위기를 잘 극복해 냈어. 가장 큰 타격을 주었던 몽골의 침입에도 고려는 끝내 망하지 않고 왕조를 이어 갈 수 있었어. 의병의 원조라고 할 수 있는 고려 백성들의 대몽 항쟁 덕분이었지.

【 세계 제국을 건설한 몽골 】

고려의 무인 정권은 최우가 정권을 잡으면서 전성기를 누리고 있었어. 그런데 이때 세계를 뒤흔든 존재가 나타났어. 바로 몽골이야. 몽골은 거란족이

나 여진족처럼 중국 북쪽의 넓은 초원에 살던 민족인데 여러 부족으로 나뉜 채 서로 싸우며 살고 있었지. 그중 한 부족 출신인 테무친이 흩어져 있던 몽골 부족들을 통일하고 '황제 중의 황제', 곧 칭기즈칸이 되었어. 칭기즈칸과 그 자손들이 이끄는 몽골의 기마 부대는 중국 대륙과 유럽까지 휩쓸며 세계 제국을 건설했단다.

몽골이 세계 제국을 이룰 수 있었던 힘은 무엇이었을까? 우선 칭기즈칸의 훌륭한 지도력을 들 수 있어. 칭기즈칸은 신분이 낮은 군사라도 공을 세우고 충성을 바치면 지위를 크게 높여 주었단다. 또한 기병 중심의 군사력이 있었지. 몽골 민족은 어릴 때부터 말과 함께 생활했기 때문에 타고난 기병들이었어. 몽골 전사들은 말을 탄 채로 칼과 활을 자유롭게 쓸 수 있었고, 가벼운 갑옷을 입고 식량도 아주 조금만 지닌 채 바람처럼 초원을 가로질러 갔지. 당시 몽골 기병은 적이 열 명쯤 덤벼도 한 명이 거뜬히 물리칠 수 있는 전투력을 지니고 있었어.

하지만 몽골은 인구가 적다는 약점이 있었어. 그래서 몽골족은 정복한 지역의 종족들을 이용해 약점을 해결했어. 정복한 지역을 그 종족 스스로 다

고려·몽골 연합군의 일본 원정 세계 제국을 건설한 몽골은 고려를 지배하면서 고려군을 동원해 일본 정벌에 나섰다. 일본 사람이 그때의 전투 장면을 그린 두루마리 그림 가운데 일부이다.

스리게 하고 다음 전투 때는 그 종족을 군사로 이용한 거지. 그러기 위해 그 종족의 문화도 바꾸지 않고 그대로 두었어. 이런 방법을 써서 순식간에 정복 지역이 넓어지자, 몽골은 도로를 닦고 역참을 두어 제국의 구석구석까지 지배했단다.

【 고려 중앙군의 패배와 백성들의 항쟁 】

몽골은 왜 동쪽의 작은 나라 고려를 30년 동안이나 끈질기게 침략했던 걸까? 몽골은 처음부터 초원의 지배자가 아닌 세계의 지배자가 되기를 꿈꾸었어. 그러기 위해 당연히 대륙을 차지하고 있는 여진족의 금나라와 한족의 남송을 정복하려 했지. 그런데 몽골은 고려가 금나라나 남송과 힘을 합쳐 몽골에 대항할까 봐 고려를 경계했어. 게다가 몽골은 바다 건너 일본까지 점령하려고 했으니 고려를 그냥 둘 수는 없었지.

중국의 북쪽 지역을 차지하고 있던 금나라는 몽골에 밀려 남쪽으로 쫓겨났어. 금나라에 눌려 살던 거란족은 그 틈을 타서 반란을 일으켰다가 도리어 몽골에 쫓겨 고려까지 오게 되었어. 이때 몽골 군대도 거란족을 토벌한다는 명분으로 고려 땅을 넘어왔지. 날씨가 점점 추워지고 식량도 떨어지자 몽골군은 고려에 힘을 합쳐 거란을 공격하자고 제안했어. 몽골과 고려는 거란족을 몰아내고 형제 관계를 맺었단다. 그러고는 몽골은 곧장 돌아갔어.

그런데 그 뒤로 몽골 사신이 고려 조정에 행패를 부리거나 많은 공물을 요구해서 두 나라는 사이가 나빠졌어. 게다가 몽골 사신이 돌아가는 길에 국경에서 살해당하는 사건까지 벌어졌지. 그러잖아도 호시탐탐 침략할 기회를 노리던 몽골은 마침내 1231년에 고려로 쳐들어왔어. 이때부터 30년 동안 전쟁이 이어지는데, 그 기간 중에 몽골은 6차례쯤 고려를 침략한단다.

1231년, 살리타가 이끄는 몽골 침략군이 압록강을 넘어 고려의 성곽을

13세기 무렵 몽골 제국의 최대 영역
몽골족은 뛰어난 기병들을 앞세워 중국 대륙을 차지하고, 아시아 대부분과 러시아 남부 지역까지 장악하여 3,320만 제곱킬로미터에 이르는 세계 대제국을 이루었다.

공격했어. 몽골군은 여러 성곽을 점령하고 귀주를 포위했어. 강감찬이 거란군을 몰살시켰던 바로 그곳에서 치열한 공방전이 벌어졌지. 고려군은 귀주성에서 몽골군의 공격을 끈질기게 막아 냈어. 몽골군이 수레에 숨어 성벽 밑에 땅굴을 파면 고려군이 펄펄 끓는 쇳물을 퍼부어 물리쳤고, 몽골군이 대포로 돌을 날리면 고려군도 대포로 맞섰고, 몽골군이 불붙은 나무 더미를 망루에 던지면 미리 준비해 둔 물을 부어서 껐어. 귀주성의 저항이 얼마나 대단했던지 몽골의 어느 늙은 장수는 이렇게 말했다고 해.

"내가 어릴 적부터 전투에 참가하여 온 천하 성에서 벌어진 싸움을 봤지만, 이렇게 맹렬한 공격에도 끝까지 항복하지 않는 군사들은 처음 보았다."

몽골군은 귀주성을 함락시키지 못하자 일부 군사만 남기고 남쪽 청천강

쪽으로 내려갔어. 그러자 무인 정권이 보낸 중앙군이 청천강 유역의 요새인 안북성에 들어가 몽골군과 대치했어. 하지만 섣불리 성 밖으로 나와 몽골군과 전면전을 벌였다가 크게 패하고 말았단다. 세계 최강의 몽골군을 얕보았다가 큰코다쳤던 거지.

몽골군은 말을 달려 순식간에 도읍 개경을 포위했어. 몽골군의 일부는 임진강과 한강을 지나 충주성으로 향했지. 충주성에는 양반, 하급 일꾼, 노비들이 각각 부대를 이루고 있었는데, 몽골군이 들이닥치자 양반들은 죄다 도망가고 일꾼과 노비들만 남아서 성을 지켰단다. 그런데 전투가 끝나고 돌아온 양반들은 자기 물건들이 없어졌다며 노비를 죽이려고 했다는구나. 분노한 노비들은 크게 반란을 일으켰어. 이 사건은 몽골군에 맞서 고려를 지킨 사람들이 누구인지를 잘 보여 준단다.

한편 고려 정부는 개경이 포위당하자 무척 당황했어. 그래서 일단 몽골군에게 화친을 제의했지. 사실 몽골군은 금나라를 점령하는 것이 목적이었기 때문에 고려를 무릎 꿇리는 것으로 만족하고 화친을 받아들였어. 이때 귀주성에서는 여전히 싸움이 계속되고 있었지만, 결국 왕명에 따라 어쩔 수 없이 피눈물을 흘리며 항복할 수밖에 없었단다.

【 강화도로 도읍을 옮긴 무인 정권 】

고려의 무인 정권은 급한 위기를 넘겼지만 화친한 이후 몽골이 엄청난 양의 공물을 끊임없이 요구하고 정치에도 깊이 간섭하려고 하자 위기감을 느꼈어. 고려가 조금이라도 말을 듣지 않으면 몽골은 언제라도 다시 쳐들어올 테고, 그렇게 되면 고려 왕조는 물론이요, 자기들 무인 정권도 살아남기 힘들 것 같았거든.

당시 무인 집권자였던 최우는 국왕 고종과 신하들 대부분이 반대하는데도 몽골군이 돌아간 이듬해인 1232년에 도읍을 강화도로 옮겼어. 몽골은 말을 타는 기병이 강한 대신 물에서 하는 싸움에는 약하다는 점을 이용한 것이지. 왕도 어쩔 수 없이 강화도로 피난을 갔어. 강화도로 도읍을 옮기는 일은 몹시 급하게 이루어졌기 때문에 그 혼란은 이루 말할 수가 없었단다. 역사 기록에는 그때의 광경이 이렇게 표현되어 있어.

"왕이 개경을 출발하여 이튿날 강화도에 도착했다. 이때 장맛비가 열흘이나 내렸는데 진흙길에 발이 빠져 말과 사람이 죽어 갔다. 어떤 벼슬아치 집은 여자들까지도 맨발로 짐을 등에 지고 머리에 이고 하였다. 가족을 잃고 홀로 된 어른과 아이가 이루 헤아릴 수 없이 많았다."

무인 정권은 강화도에 궁궐을 짓고 성을 겹겹이 둘러 쌓은 다음 삼별초 같은 우수한 군대를 수만 명씩 두어 지키게 했어. 이렇게 무인 정권의 권력자들은 전쟁을 피해 안전하게 살 수 있었지만, 육지의 백성들은 나라의 보호를 받지 못하고 몽골 침략군에게 그대로 목숨을 내놓아야 할 처지가 되었어. 그런 와중에도 백성들은 틈을 내어 농사를 짓고 세금을 내야 했단다.

강화 고려 궁터 무인 정권이 개경에서 강화도로 도읍을 옮긴 뒤 세운 궁궐이 있던 자리인데, 건물은 사라지고 터만 남아 있다. 왼쪽 건물은 조선 시대의 외규장각을 복원한 것이고, 오른쪽 건물은 조선 시대 때 강화 유수부 관청으로 쓰였던 것을 복원한 것이다.

강화 외성 몽골의 침입에 맞서 강화 동쪽 해안을 방어하기 위해 쌓은 성이다. 지금 남아 있는 성은 조선 시대에 다시 쌓은 것이다.

최우는 백성들에게 몽골군이 쳐들어오면 산성이나 섬으로 들어가 싸우라고 했어. 식량이나 무기도 제대로 갖추지 못한 농민들보고 세계 최강의 몽골 군대에 맞서 알아서 싸우라고 한 셈이지. 백성들은 나라의 도움도 별로 받지 못하고 스스로의 힘으로 가족과 터전을 지켜야만 했어.

【 몽골과 화친하고 삼별초와 싸우다 】

고려는 처인성에서 큰 승리를 거두기도 했지만 몽골군은 고려를 처참하게 망가뜨리고 있었어. 지나는 곳마다 사람을 죽이고 집에 불을 질렀지. 포로로 잡아간 사람도 많아서, 6차 침략 때만 해도 잡혀간 사람이 무려 20만 명이 넘었어. 고려는 정말 크나큰 고통에 빠졌단다.

충격을 받은 강화도의 고려 정부에서는 몽골과 화친을 하자는 주장이 강해졌어. 문신들이 주로 이러한 주장을 했는데, 잘 받아들여지지 않다가 정변이 일어나 무인 집권자 최의가 살해당하면서 화친론이 힘을 얻었지. 결국 태자를 몽골에 보내고 개경으로 다시 도읍을 옮긴다는 약속을 하고서야 1259년에 화친을 이루었어. 이로써 지긋지긋한 30년 전쟁이 끝난 거야.

무인 정권은 화친을 맺고도 바로 개경으로 돌아가지 않고 10여 년을 더 버텼어. 국왕 원종이 몽골에 갔다가 몽골 군대와 함께 고려로 돌아와 개경으로 돌아갈 것을 명령했지만 무인 정권은 반대했지. 개경으로 환도하면 고려 왕실은 권위를 되찾는 반면 자신들의 위치는 불안해지기 때문이었어. 하지만 무인 정권의 호위병이었던 삼별초의 일부가 왕의 편을 들어 개경 환도에 반대하는 무인 집권자 임유무를 살해하면서 무인 정권은 1270년에 막을 내렸어. 100년 동안 이어진 무인 정권이 끝나는 순간이었지.

　　귀국하던 왕이 곧바로 개경으로 들어가고, 이어서 정부가 강화도에서 개경으로 돌아가면서 몽골이 세운 원나라의 간섭도 본격적으로 시작되었어. 더구나 왕은 삼별초를 해산시키려 했어. 상황이 이렇게 되니 무인 정권의 군사였던 삼별초는 처벌을 받을까 봐 두려웠어. 이에 삼별초는 봉기를 일으켜 진도로 근거지를 옮기고 자기들끼리 정부를 세웠어. 고려 정부와 몽골 연합군의 공격을 받자 탐라(지금의 제주도)로 옮겨 저항을 이어 갔지. 그러나 삼별초는 끝내 버티지 못하고 탐라에서 최후를 맞았단다.

　　고려가 몽골에 항복했다고 해서 30년 동안 싸운 일이 허사로 돌아간 것은 결코 아니었어. 몽골은 고려를 속국으로 만들었지만 고려의 항쟁을 인정해 왕조의 독립성을 보장했어. 세계를 정복한 몽골의 침략을 받은 나라 가운데 왕조가 살아남은 나라는 드물어. 세계의 중심이라고 자랑하던 중국조차도 몽골 제국에 의해 왕조가 멸망했거든. 이렇게 보면 고려가 몽골과 벌인 30년 전쟁은 부끄러운 역사가 아니라 자랑스러운 항쟁의 역사라고 할 수 있단다.

돌하르방 제주도에 있는 독특한 돌상이다. 제주도 말로 '돌할아버지'라는 뜻인데, 장승처럼 마을을 지켜 주고 경계 지역을 표시하기도 했다. 몽골의 석인상(돌로 만든 사람의 형상)인 훈촐로와 닮았다고 해서 몽골에서 유래했다는 이야기도 있다.

키워드 + 　처인성 전투

나라를 지킨 진정한 영웅들

고려가 강화도로 도읍을 옮겨 항쟁할 태세를 갖추자 몽골은 자신에 대한 도전으로 여기고 2차 침략군을 내려 보냈어. 몽골 장수 살리타가 지휘하는 몽골군 중 먼저 출발한 부대는 경상도까지 내려가 노략질을 일삼았는데, 이때 대구 팔공산 부인사에 있던 초조대장경이 불타 버렸단다. 가치를 따질 수 없을 정도로 귀중한 고려의 문화 자산이 순식간에 잿더미로 변해 버린 거야.

살리타의 몽골군은 남한산성을 무너뜨리려다가 실패하자 남쪽으로 내려가 지금의 용인 지역인 처인성을 공격했어. 앞서 백성들은 나라의 도움을 별로 받지 못하고 스스로 고향과 목숨을 지켜야 했다고 했지. 그러한 상황에 놓인 처인성에 처인 부곡 사람들이 모여 있었어. 부곡은 향·소와 함께 고려의 특수 행정 구역인데 대개는 고려가 건국되는 과정에서 저항한 지역을 따로 구별해 설치한 것이었어. 부곡에 사는 사람들은 일반 농민과 마찬가지로 농사를 지어 세금을 내는 것 말고도 나라가 소유한 땅에서 일하거나 성을 쌓는 데 동원되었지. 이들은 양인인데도 천민처럼 천대를 받고 갖가지 차별에 시달려야 했단다.

마침 처인성에는 김윤후라는 스님도 피난을 와 머물고 있었어. 몽골군이 쳐들어오자 김윤후와 처인 부곡의 피난민들은 힘을 합쳐 싸웠지. 대장경을 불태워 버린 몽골군이 부처님의 노

처인성 전투 기록화

여움을 샀던 걸까? 몽골 침략군의 총사령관 살리타가 처인성에서 날아온 화살에 맞아 숨이 끊어졌어. 이것은 몽골군에게 아주 큰 사건이었어. 세계 곳곳의 막강한 군대와 수없이 싸웠지만 총사령관이 전사하는 일은 거의 없었거든. 일반 고을에 비해 차별을 받아 온 처인 부곡 사람들이 역사에 길이 남을 큰 승리를 거둔 거야.

국왕 고종은 살리타에게 화살을 날린 사람이 김윤후라는 보고를 받고 그를 무반의 최고 지위인 상장군에 임명했어. 그러나 김윤후는 자기는 그때 활을 갖고 있지 않았다며 처인 부곡 사람들에게 공을 돌리면서 상장군을 사양했단다. 김윤후는 참으로 겸손하고 진실한 영웅이었지. 처인성의 승리는 몽골의 2차 침략군을 물러나게 만들었어. 몽골군은 총사령관을 잃었기 때문에 일단 철수할 수밖에 없었거든. 처인 부곡은 그 공로를 인정받아 일반 행정 구역인 처인현으로 등급이 올랐단다.

그런데 몽골군은 살리타의 복수를 겸해 다시 더욱 치열하게 고려를 침략했어. 몽골군은 고려의 강토와 백성을 짓밟고 경주의 황룡사 9층 목탑 같은 소중한 문화재를 불태웠어. 하지만 고려인들은 굴복하지 않고 싸워 여기저기에서 승리를 거두었지.

특히 5차 몽골 침략군과 벌인 충주성 전투가 인상적이었어. 이 전투를 지휘한 장수는 바로 처인성 전투의 주인공 김윤후였지. 충주성이 무려 70일을 넘게 포위당해 양식이 거의 바닥나자 김윤후는 사람들을 불러 모아 설득했어.

"힘을 다해 싸운다면 귀하고 천함을 가리지 않고 모두가 벼슬을 받도록 하겠소."

김윤후는 노비 문서를 가져다가 불태우고 사람들에게 소와 말을 나눠 주었어. 그리하여 모두가 죽기를 각오하고 적에게 덤비자 몽골군은 후퇴했단다. 이 공로로 김윤후는 상장군에 임명되었고, 공로를 세운 자들은 노비까지도 모두 벼슬을 받았어. 이 전투에서 패배한 몽골군은 한동안 충주 남쪽으로 내려가지 못했다고 해.

처인성과 충주성의 전투는 몽골과의 전쟁에서 나라와 민족을 지킨 주인공이 바로 평민과 노비였다는 사실을 잘 보여 준단다. 또한 김윤후처럼 용감하고 진실한 인물이 진정한 영웅이었음을 알려 주지. 그런 사람들이 있었던 덕분에 몽골의 거센 침략에도 고려가 살아남을 수 있었던 거란다.

> 나라를 구하는 데 왕후장상의 씨가 따로 있으랴!

키워드 27 | 원 간섭기

원 간섭기의 고려는 어땠을까

고려는 30년 동안 몽골의 침략에 항쟁하다가 독립을 유지한다는 조건으로 항복했어. 그때부터 원나라(몽골)는 고려의 정치에 간섭하기 시작했단다. '원 간섭기'라고 하는 이 시기는 80년쯤 이어졌지. 일제 시대처럼 나라를 빼앗긴 것은 아니지만 원나라의 속국이 되었기 때문에 고려는 원나라의 말을 듣지 않을 수 없었어.

【고려 왕실에 시집온 몽골 공주】

몽골과 전쟁을 끝내고 화친을 이룬 다음부터 원나라는 고려의 정치에 간섭하기 시작했어. 원 간섭기 동안 고려의 왕은 왕자 시절 원나라에 살면서 그곳의 풍습을 익히고 원나라 공주와 결혼까지 해야 했단다. 그리고 둘 사이에 태어난 왕자가 다음 왕이 되었지. 그러다 보니 자연히 고려 국왕의 몸속에는 고려인의 피가 절반, 몽골인의 피가 절반 흐르게 되었어.

원나라는 고려의 저항 정신을 약화시키기 위해 고려를 '사위의 나라'로 삼았어. 원나라 황실

소줏고리 소주는 고려 후기에 원나라가 일본 정벌을 준비할 때 안동 지역에 주둔시킨 몽골 병사들이 마시면서 고려에 전해졌다. 위 그림은 몽골 사람이 증류주를 만드는 모습을 그린 것이고, 아래는 소주 재료를 솥에 넣고 끓여서 나오는 김을 흘러내리게 하는 증류기이다.

은 자기들이 중요하게 생각하는 지역의 왕실과 결혼 관계를 맺었는데, 고려 왕실과 결혼 관계를 맺은 이유 가운데 하나는 일본을 정벌할 때 고려의 협력이 절실했기 때문이야. 원나라는 또 자기네 나라에 충성하라는 뜻에서 고려 왕의 칭호에 '충' 자를 붙였어. 충렬왕, 충선왕, 충숙왕 하는 식으로 말이야. 복식과 머리 모양도 원나라 풍속을 따르게 했어. 그래서 원 간섭기에는 몽골풍의 문화가 유행했단다.

원나라 공주와 맨 처음 결혼한 고려의 왕은 충렬왕이야. 충렬왕의 아버지 원종은 원나라와 평화롭게 지내기 위해서 이미 결혼한 상태였던 태자를 원나라 쿠빌라이 황제의 딸과 혼인시켰어. 칭기즈칸의 손자 쿠빌라이는 몽골 제국의 5대 황제 자리에 오른 뒤 나라 이름을 원으로 고치고 중국을 통일한 사람이었어.

충렬왕과 결혼한 쿠빌라이 황제의 딸 제국대장공주는 충렬왕의 원래 배우자를 제치고 왕비가 되었어. 제국대장공주는 원나라 황제의 딸이었기 때문에 권세가 대단해서 왕도 제압하기가 어려웠지. 심지어는 사소한 일로 남편 충렬왕을 함부로 때리기까지 했다는구나.

【 충선왕과 만권당 】

충렬왕과 제국대장공주 사이에서 왕자가 태어났어. 왕자는 칭기즈칸의 피가 흐르는 사람이었지. 그 왕자는 아버지 충렬왕을 몰아내고 왕(충선왕)이 되었어.

훗날 충선왕은 정치에서 물러나 원나라의 도읍 대도(지금의 중국 베이징)에 있는 자기 집에 만권당이라는 서재를 꾸몄어. 충선왕은 '만 권 책이 있는 집'이라는 이름에 걸맞게 수많은 책을 수집했어. 그리고 원나라에서 이름을 떨치는 대학자들을 초청해 토론을 벌였지.

이제현의 초상(국보 110호)

충선왕은 젊은 유학자였던 이제현을 고려에서 불러들여 만권당에서 대학자들과 사귀게 했어. 그 덕분에 이제현은 고려를 넘어 세계적인 학자로 성장할 수 있었고, 나중에는 공민왕의 개혁 정치에 참여하게 돼. 특히 이제현의 제자 이색은 고려에서 많은 학자들을 길러 냈어. 그중에는 정몽주, 정도전, 권근 같은 뛰어난 인재들이 많았지. 그러니까 충선왕이 세운 만권당에서 배운 학문이 조선 시대까지 이어진 셈이야.

【 고려가 없어질 뻔하다 】

원나라는 고려가 30년 동안이나 항복하지 않고 저항했기 때문에 고려의 독립을 약속해 주었어. 고려는 원나라의 간섭을 받았지만 엄연히 독립을 유지했고 고려의 왕이 나라를 다스릴 수 있었지. 그런데 원나라는 고려에서 정치적인 대립이 생기자 그 틈을 이용해 고려를 원나라의 지방 행정 단위로 만들려고 했어. 그렇게 되면 고려라는 나라가 아예 없어지는 거였지.

하지만 고려 사람들은 이제현 같은 학자들과 힘을 모아 원나라의 행동을 막아 냈어. 관료들도 나라가 유지되어야 자신들의 권세를 지킬 수 있었기 때문에 고려를 지키는 데 적극적으로 나섰지. 그러니 아무리 세계를 정복한 몽골족의 원나라라도 고려를 완전히 없애지는 못한 거야. 몽골은 오랫동안 전쟁을 하면서 고려 사람들이 만만치 않다는 것을 잘 알고 있었거든. 30년 동안의 항쟁은 이렇게 결코 헛된 일이 아니었단다.

【 신분보다 능력을 중시하다 】

고려 사회는 무인 정권 시대에 이르러 신분과 배경보다는 실제 능력을 더 중요하게 쳐주었어. 원 간섭기에는 그런 풍조가 더 강해졌지. 원나라는 고려뿐만 아니라 세계 곳곳을 지배하고 있었는데, 그 나라에서의 신분이나 배경보다는 실제 능력을 갖춘 사람을 더 우대했기 때문이야. 특히 당시의 세계 공용어였던 몽골어를 잘하면 출세하기가 쉬웠어. 하지만 양반들은 오랑캐의 말이라고 해서 잘 배우지 않아 평민이나 노비가 몽골어를 배워 통역관이 되었단다.

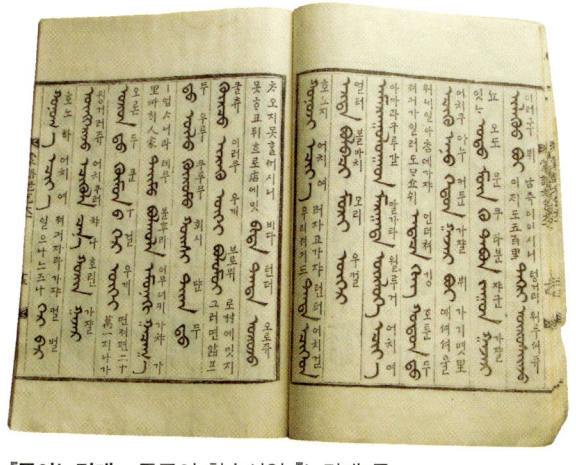

『**몽어노걸대**』 중국어 학습서인 『노걸대』를 몽골어로 번역한 뒤 우리말로 음을 달아 풀이해 놓은 책이다. 조선 시대에 몽골어 학습서로 사용한 책이지만, 이를 통해 고려 시대에 어떻게 몽골어를 익혔는지 짐작해 볼 수 있다.

고려는 세계 제국인 원나라와 무역을 하면서 농업·수공업·상업이 크게 발전했어. 그 덕에 평민이나 노비 중에서 부자가 된 사람도 많았지. 신분이 낮아도 재주가 있고 돈이 있으면 얼마든지 관직을 얻어 신분을 높일 수 있었단다. 반면 가난한 농민은 자꾸만 땅을 잃고 부자들은 그만큼 땅을 더욱 늘려 갔어. 빈부의 차이가 커지면서 살림이 망해 노비가 되는 사람이 많아졌지.

하지만 고려는 원나라의 간접적인 지배를 받으면서도 세계와 교류하며 여러 분야에서 큰 발전을 이루었어. 특히 원나라를 통해 세계 최고 수준의 과학 기술이 들어오고, 몽골어를 배우면서 언어와 관련한 학문도 발전했지. 이때 발달한 과학과 언어학은 조선 초 세종 대왕 때 이룬 과학 발달과 한글 창제의 밑거름이 되었단다.

키워드 28   공녀

공녀로 끌려간 고려 여인들

나라가 외적의 침입을 받거나 망했을 때는 일반 백성들이 살기가 더 힘들어지지. 그중에서도 여성들은 특히 더 수난을 당할 때가 많았어. 조선의 여인들은 병자호란 때 청나라에 잡혀갔고, 일제 강점기에는 강제 '위안부'로 끌려가서 말 못할 고난을 겪기도 했어. 고려 시대의 여성들에게도 그런 고통이 있었단다. 고려는 원나라에 물건뿐 아니라 사람까지 바쳐야 했는데, '공녀'는 이때 원나라로 보낸 여성들을 가리키는 말이야.

【 원나라로 끌려간 공녀들 】

고려가 몽골과 기나긴 전쟁을 하는 동안 수많은 여인들이 포로로 잡혀 몽골로 끌려갔어. 몽골족 같은 유목 민족은 식량이 부족하고 환경이 척박한 탓에 여성들이 부족했거든. 그래서 부족들끼리 전쟁을 벌여 여성들을 빼앗아 오는 일이 흔했지. 칭기즈칸도 젊은 시절에 자기 아내를 다른 부족에게 빼앗겼다가 다시 찾아왔단다.

　몽골은 전쟁이 끝난 후에도 고려의 여인들을 데려가려고 했어. 포로로 잡아가는 것이 아니라 공물을 바치듯이 여인들을 바치라고 했던 거야. 속국이 된 고려는 그런 요구를 거절할 수가 없었어. 고려가 조금만 말을 듣지 않아도 몽골은 언제든 군사를 보내 전쟁을 일으키려 했기 때문이야. 이렇게 해서 몽골로 보낸 여인들을 '공녀'라고 불렀어. 공녀로 끌려간 여인들은 몽골 군인의 아내가 되거나 지배층의 아내 또는 첩이 되었어. 그리고 몽골 황실에서 궁녀로 일하기도 했지.

몽골의 지배층은 1년에 한두 번 또는 2년에 한 번 공녀를 요구했어. 한 번에 40~50명쯤 보내라고 했지. 고려는 처음에 과부들을 보내기도 했지만 몽골에서는 어린 10대 처녀들을 요구했어. 물론 고려 여인들은 공녀로 가고 싶어 하지 않았지. 그러자 고려 정부는 군인들을 마을에 보내 집집마다 뒤져서 강제로 여인들을 끌고 나왔어. 그래서 이때 결혼을 일찍 하는 조혼 풍습이 생겼지. 결혼을 하면 공녀로 보내지 않았기 때문이야.

딸을 빼앗긴 부모는 피눈물을 흘리며 슬퍼했어. 끌려가는 어린 딸은 겁에 질린 채 낯설고 먼 땅으로 떠나야 했지. 이를 가슴 아파한 학자 이곡(이색의 아버지)은 원나라 황제에게 다음과 같은 상소를 올렸어.

"고려의 풍속은 차라리 아들을 따로 살게 할지언정 딸을 내보내지 않습니다. 왜냐하면 부모 봉양을 딸이 맡아 하기 때문입니다. (……) 딸이 공녀로 뽑히면 부모와 친족이 모여 곡을 하는데, 밤낮으로 우는 소리가 끊이지 않습니다. 공녀를 나라 밖으로 떠나보내는 날이 되면 부모가 딸의 옷자락을 부여잡고 끌어당기다가 난간이나 길에

엎어집니다. 울부짖다가 비통하고 분하여 우물에 몸을 던지거나 스스로 목을 매어 죽기도 합니다. 근심 걱정으로 기절하거나 피눈물을 흘려 앞을 못 보게 된 자도 있습니다."

이처럼 이곡은 딸을 공녀로 보내는 부모의 슬픔을 애절하게 묘사하며 공녀 선발을 폐지해 달라고 간곡하게 요청했지. 하지만 공녀 선발은 원나라의 간섭을 뿌리칠 때까지 계속되었어.

수녕 옹주 묘지석 수녕 옹주 김씨는 외동딸이 공녀로 선발되어 원나라에 가자, 오랫동안 가슴앓이를 하다가 세상을 떠났다. 수녕 옹주가 죽은 뒤 만든 묘지석에는 공녀로 간 딸을 둔 부모의 슬픔이 절절이 묘사되어 있다.

【 공녀로 성공한 기황후 】

고려 여인들은 고려의 의복, 그릇, 음식 등을 원나라에 전해 주었어. 음식으로는 '고려병'이라고 불린 유밀과가 원나라에서 큰 인기를 끌었지. 유밀과는 밀가루에 참기름과 꿀을 넣고 반죽해서 튀긴 과자란다. 너희들도 이런 전통 과자를 먹어 본 적이 있을 거야. 어쨌든 충렬왕이 세자의 결혼식 연회 때 고려에서 만든 유밀과를 가져갔더니, 그 맛을 본 원나라 사람들이 감탄하여 고려병이라 이름 붙이고 결혼 연회 때는 꼭 고려병을 내놓았다는구나. 이처럼 원나라에서 유행한 고려의 음식이나 의복 등의 고려 문화를 '고려양'이라고 했단다.

원나라로 끌려간 공녀는 몽골 황족의 아내가 되기도 했는데, 그중 기황후는 원래 궁녀로 들어갔다가 황제인 순제의 눈에 들어 황후가 된 여인이야. 똑똑하고 아름다운 기씨가 차를 올리는 모습을 보고 순제가 반했다고 하지.

기황후는 순제의 아들을 낳으면서 권력을 키웠고 드디어 황후가 되었어. 아들이 황태자에 책봉되자 기황후의 권세는 하늘을 찔렀지. 다른 나라에 가서 황후가 되고, 게다가 권력까지 휘둘렀던 여성은 우리나라 역사상 기황후밖에 없었단다. 기황후에게는 오빠 기철이 있었어. 기철은 고려에서 동생을 믿고 권력을 휘둘렀는데 왕도 막지 못할 정도였다고 해. 어떤 사람들은 그런 권력이 부러워서 일부러 딸을 바쳐 원나라의 벼슬을 얻기도 했대.

기황후는 권력 욕심이 대단한 사람이었어. 황제인 남편 순제를 누르고 자신이 원나라를 지배하려고 했거든. 그러다가 아예 순제를 쫓아내고 아들을 황제로 즉위시키려고까지 했어. 원나라에서는 기황후 세력과 반대 세력 사이에 권력 다툼이 심해졌지. 그런데다 원나라의 지배를 받던 한족이 반란을 일으키자 원나라는 혼란에 빠졌어. 공녀로 갔던 여인이 세계 제국 원나라의 중심에서 천하를 흔들었던 거야.

고려의 정치도 기황후의 친척들이 좌우하게 되었어. 왕씨의 나라 고려가 마치 기씨의 나라가 된 듯했지. 기씨의 권세는 나중에 공민왕이 원나라에 맞서는 개혁 정치를 펴면서 기씨 세력을 쫓아낸 뒤에야 수그러든단다.

경천사 10층 석탑 개경의 경천사 터에 있던 10층 대리석 탑인데, 지금은 서울 용산 국립 중앙 박물관에 옮겨 와 있다.
1348년(충목왕 4년)에 세워진 탑으로, 당시 권세가 높았던 기씨 일족과 원나라와 친한 세력이 원나라의 번영과 고려의 안녕을 기원하기 위해 세운 것이다. 높이 13.5m, 국보 86호.

키워드 29 　팔만대장경

인쇄 문화의 최고봉

너희들 주변에는 책이 많이 있니? 집에는 별로 없더라도 도서관이나 서점에 가면 수많은 책들이 우리를 기다리고 있지. 이렇게 책이 많아진 것은 인쇄 기술 덕분이야. 그전에는 하나하나 손으로 직접 베껴야만 했단다. 우리나라는 예부터 세계적으로 인쇄 기술이 발달한 나라였어. 팔만대장경은 고려 시대에 우리의 인쇄 기술이 얼마나 발전했는지를 잘 보여 주는 자랑스러운 문화유산이란다.

【 부처님의 말씀을 새기다 】

만화로도 많이 만들어진 중국의 소설 『서유기』는 너희들도 좋아할 거야. 『서유기』에는 손오공, 저팔계, 사오정이 나오지? 아, 그리고 스님도 있어. 그런데 그 스님 이름이 뭐더라? 그래, 맞아. 삼장 법사야. 그 스님 이름이 왜 삼장 법사냐 하면 부처님의 말씀(경장), 승려가 지켜야 할 도리(율장), 제자들이 부처님의 말씀을 해설한 글(논장) 등 삼장을 모두 잘 안다고 해서야. 정말 대단한 스님이지?

그럼 삼장 법사는 어떻게 삼장을 알게 됐을까? 부처님은 아주 오랜 옛날에 돌아가셨는데 말이야. 그건 부처님이 돌아가신 뒤에 제자들이 삼장의 내용을 야자수 잎에 적어 놓았기 때문이야. 이 내용이 후대에 전해져서 삼장 법사는 삼장을 알 수 있었던 거지. 세월이 흘러 사람들은 부처님의 말씀을 종이에 적거나 튼튼한 돌과 목판에 새기게 되었어.

삼장은 '대장경'이라고도 해. 고려에서 대장경을 처음 목판에 새기기 시작한 것은 8대 현종 때인 1011년 무렵이었어. 완성할 때까지 70년이 넘는 세월이 걸렸단다. 당시 거란이 침략하자 부처에게 대장경을 만들겠다는 맹세를 하며 도와주기를 빌었던 거야. 이때 만들었던 대장경을 '처음 만든 대장경'이라는 뜻으로 초조대장경이라고 하지. 부처님 덕인지 몰라도 고려는 다행히 거란을 잘 막아 냈어.

그런데 전쟁이 난 급박한 상황에서 왜 대장경을 만들었을까? 고려 사람들은 대장경을 만드는 것이 부처님 말씀을 널리 전하는 일이기 때문에 부처님이 복을 주신다고 믿었거든. 그래서 외적이 쳐들어오면 나가서 싸우는 한편, 대장경을 만들면서 부처님께 나라를 지켜 달라고 빌었던 거야. 대장경은 불상처럼 신앙의 대상이었기 때문에 대장경을 모시는 것만으로도 부처님의 공덕을 입을 수 있다고 생각했어.

또 한편으로는 불경을 한꺼번에 많이 인쇄하기 위해 대장경을 만들기도 했어. 불경이 필요할 때마다 이것을 꺼내 먹을 바르고 종이에 찍어 내면 되었지. 더욱이 초조대장경에는 불교의 내용을 그림으로 표현한 판화가 새겨 있어서 예술적인 가치가 컸어. 대장경은 불교 문화의 꽃이면서 인쇄 문화의 꽃이었단다.

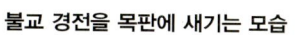

불교 경전을 목판에 새기는 모습

【대장경을 다시 새기다】

그런데 안타깝게도 지금 초조대장경 목판은 남아 있지 않아. 몽골군이 침략했을 때 초조대장경이 보관되어 있던 부인사와 함께 불타 버리고 말았거든. 이 일로 고려 사람들은 큰 충격에 빠졌어. 왜냐하면 고려 사람들은 대부분 불교를 믿었는데, 이제까지 고려를 지켜 주던 대장경이 불타 버렸으니 몽골군을 막을 힘이 없어졌다고 생각했던 거야. 그래서 강화도에 있던 무인 정권은 백성들에게 희망을 주고 부처님께 전쟁이 끝나도록 빌기 위해 대장경을 다시 만들기로 했어.

대장경을 만들면서 임금과 신하들은 기원하는 글을 남겼어. 옛적에 대장경을 새겨 부처님의 도움으로 거란군을 물리친 것처럼 이번에도 대장경을 새기니 몽골군을 물리쳐 달라는 내용이었지. 한편 대장경을 다시 만든 데에는 최우와 최항의 무인 정권이 백성들의 용기를 북돋아 몽골과의 항쟁을 계속 이어 감으로써 자신의 정권을 유지하려는 속셈도 있었어.

그리하여 강화도에 대장도감이라는 관청을 만들어 대장경 제작을 총지휘했고, 진주 남쪽의 섬 남해현(남해군)에서는 실제 제작을 담당했어.

대장경을 만들려면 엄청나게 많은 나무가 필요했단다. 그리고 그것을 크

해인사 대장경판 한 줄에 14자씩 23줄을 앞뒷면에 새겼다. 이런 경판이 8만 1,258장에 이르는데, 수천만 개의 글자 하나하나가 오류 없이 정확하고 글자 모양도 고르고 아름다워 대장경 역사상 가장 완벽한 대장경판으로 꼽힌다. 국보 32호.

해인사 장경판전

해인사 장경판전은 자연 조건을 잘 이용하여 과학적으로 설계한 덕분에 750년이 지난 지금까지도 대장경판이 썩지 않고 잘 보존되어 있다. 팔만대장경은 세계적으로 문화적 가치가 높아 보관 장소인 장경판전까지 국보 52호로 지정하여 관리하고 있다. 장경판전은 1995년 팔만대장경과 함께 유네스코 세계 문화 유산으로 지정되었다. 그림은 대장경판을 판가에 정성스레 꽂는 장면이다.

기에 맞게 잘라 목판을 만든 다음 한 글자씩 새겨야 했지. 물론 그런 일들은 모두 백성들과 뛰어난 기술자들이 했어.

　이렇게 시작한 '대장경 다시 만들기 사업'은 16년 만에 끝났어. 이때 완성된 대장경이 바로 팔만대장경이야. 목판의 개수가 8만 장이 넘는다고 그렇게 부르지만, 세계적으로는 '고려대장경'이라고 한단다. 이 대장경은 강화도에 보관하다가 조선 초에 한양을 거쳐 경상남도 합천 해인사로 옮겨 보관해 오고 있지. 해인사에 가면 대장경판을 보관하고 있는 장경판전에 꼭 들러 보렴. 8만여 개나 되는 목판이 도서관의 책처럼 판가에 빽빽이 꽂혀 있어서 그 장관에 감명받게 된단다.

【 세계 최초의 금속 활자를 만들다 】

대장경은 그 자체로 훌륭한 예술품이긴 했지만 책으로 찍어 내려면 불편한 점이 많았어. 무엇보다도 목판 인쇄는 책의 내용을 고칠 때마다 목판을 다시 새겨야 했거든. 그래서 글자 하나하나를 따로 만들어 놓고서 책의 내용대로 글자를 조합하는 활판 인쇄를 발명하게 되었어. 이렇게 만들어진 것이 바로 우리의 자랑스러운 금속 활자란다.

　금속 활자가 정확히 몇 년에 만들어졌는지는 알 수 없어. 그런데 이규보의 『동국이상국집』에는 집권자 최우의 명령에 따라 『상정고금예문』이라는 책을 금속 활자로 인쇄했다고 나와 있어. 『상정고금예문』이 금속 활자로 인쇄된 때는 강화도 천도 직후인 1234년이야. 그러니까 고려 사람들이 금속 활자를 세계 최초로 발명한 것이 분명해. 다만 만들어진 연대는 강화도 천도 이전이라고만 추측할 수 있지. 게다가 아쉽게도 금속 활자로 인쇄된 『상정고금예문』은 오늘날 남아 있지 않아.

　그렇지만 다행히도 금속 활자로 인쇄된 고려 시대의 다른 서적은 남아 있

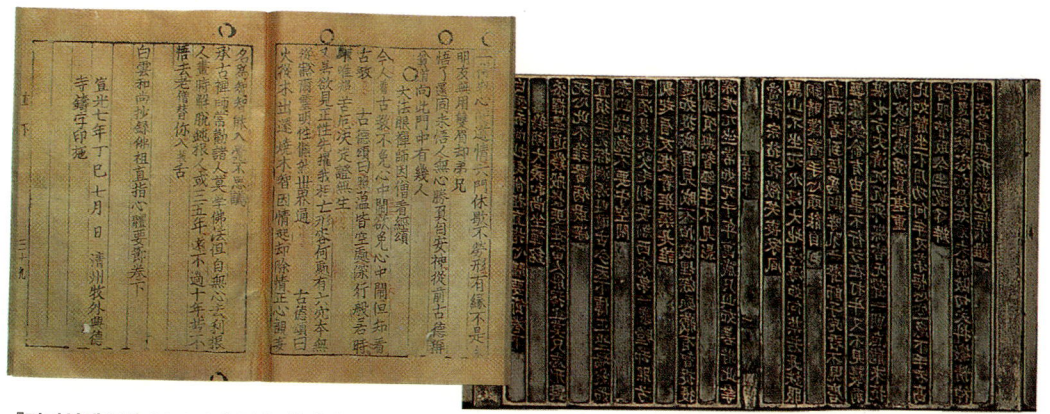

『직지심체요절』(복제품)과 금속 활자판(복원품)
『직지심체요절』은 현재 남아 있는, 세계에서 가장 오래된 금속 활자책으로 1377년 청주 흥덕사에서 간행되었다. 원래는 2권이었으나 상권은 전하지 않고 하권만이 프랑스 국립 도서관에 보관되어 있다.
오른쪽은 『직지심체요절』을 찍어 낸 금속 활자판이다.

어. 고려 말기의 고승 백운 화상이 편찬한 『직지심체요절』이 우왕 때인 1377년에 금속 활자로 간행되었거든. 이것이 프랑스 파리의 국립 도서관으로 흘러 들어가 보관되어 있는데, 금속 활자로 인쇄된 세계 최초의 서적으로 공인받고 있단다. 그 후 1450년 무렵에야 서양의 구텐베르크가 납으로 활자를 만드는 데 성공했지.

『구텐베르크 성서』
서양 최초의 인쇄본 성서로, 1455년 독일의 구텐베르크가 처음으로 금속 활자를 이용해 찍어 냈다.

고려는 목판 인쇄 기술을 중국에서 배웠지만 중국 못지않게 최고 수준으로 발달시켰어. 그리고 구텐베르크가 만든 금속 활자보다 200여 년이나 앞서서 세계 최초로 금속 활자를 발명했단다.

키워드 30 공민왕

원나라를 몰아내다

세계를 지배한 원나라의 힘은 정말 엄청났어. 하지만 어떤 권력도 영원히 이어지는 법은 없지. 원나라에 눌려 있던 중국의 한족이 먼저 들고일어났고, 고려도 저항에 나섰어. 고려가 원나라에 저항한 것을 '반원 운동'이라고 하는데 그 중심에 섰던 사람이 공민왕이었어. 그러나 이 시기는 밖으로는 외적이 쳐들어오고 안으로는 개혁의 물결이 요동치는 격변의 시기였기 때문에 공민왕의 개혁은 큰 어려움을 겪게 된단다.

【 어렵게 왕위에 오른 공민왕 】

공민왕은 어릴 때부터 아버지(충숙왕)와 형(충혜왕)이 원나라에 의해 서로 번갈아 가며 왕위를 다투는 것을 보았어. 충혜왕은 아버지 충숙왕이 세상을 떠나자 다시 왕위에 올랐지만 결국 원나라로 끌려가서 죽고 말았지. 공민왕은 형을 이어 왕이 되려고 했지만, 원나라는 충혜왕의 아들이자 공민왕의 조카인 충목왕, 충정왕에게 차례대로 왕위를 주었어. 공민왕 대신 다루기 쉬운 어린 조카들을 왕위에 앉혔던 거야.

공민왕은 왕이 되려는 노력을 포기하지 않고 원나라 황실의 노국대장공주와 결혼해 원나라에서 자신의 지지 세력을 키워 나갔어. 반면에 어린 조카 충정왕은 정치를 제대로 하지 못해 고려를 혼란에 빠뜨렸어. 결국 공민왕은 원나라를 설득해서 충정왕을 몰아내고 왕위에 올라 나중에 조카를 독살한단다. 조선의 수양 대군(세조)이 조카인 단종을 몰아내고 죽이는 상황과 비슷하지.

몽골식 머리 모양과 옷
공민왕이 그린 「천산대렵도」(왼쪽)에서 머리를 몽골식으로 변발한 인물을 볼 수 있다. 고려 말에는 머리뿐만 아니라 원나라에서 들어온 '철릭'(오른쪽)이라는 옷을 즐겨 입었다.

    공민왕은 원나라가 고려의 정치에 지나치게 간섭하는 것이 못마땅했어. 언제 원나라가 자신마저 쫓아낼지 몰랐거든. 공민왕은 원나라의 간섭에서 벗어나지 않으면 안 되겠다고 생각했지만, 원나라의 힘이 워낙 강했기 때문에 섣불리 저항할 수는 없었단다.

    하지만 공민왕은 왕이 되자마자 앞장서서 '변발'을 풀었어. 변발이란 몽골식 머리 모양인데, 남자의 머리를 뒷부분만 남기고 나머지 부분을 깎아 뒤로 길게 땋아 내린 거야. 이런 머리 모양이 고려에서도 유행했는데, 공민왕은 원나라의 지배에서 벗어나야겠다고 결심하면서 자기 머리를 고려식 머리 모양으로 바꾼 거지.

【 반원 개혁을 단행하다 】

드디어 고려에 기회가 찾아왔어. 원나라가 지배하던 중국에서 한족이 반란을 일으킨 거야. 몽골인들은 중국인(한족)에게 세금을 걷고 부역을 시키면서 재물을 불려 갔어. 반면에 중국인 대부분의 생활은 어려워져 갔지. 이렇게 중국인들의 불만이 쌓이자 원나라에 저항하는 무리가 생겨나기 시작했어.

1351년 중국에서 두 번째로 큰 강인 황하(황허 강)가 넘쳐 홍수가 나자 원나라는 수해 복구를 위해 수많은 백성들을 모아서 일을 시켰어. 이 때문에 평소 쌓여 있던 백성들의 불만이 점점 커졌지. 이 틈을 타서 중국인들이 난을 일으켰는데, 그들 중에서 가장 두드러진 세력이 홍건적이었어. 머리에 붉은 두건을 둘렀다고 해서 그렇게 불렀단다. 홍건적은 금방 세력을 키워 원나라를 위협했어.

공민왕은 원나라도 이제 내리막길로 접어들었다는 사실을 알아챘어. 공민왕은 1356년에 고려에서 원나라를 몰아내는 '반원 정변'을 일으키고 여러 가지 개혁을 했지. 먼저 원나라에 빌붙어 권세를 누리던 기씨 집안 사람들을 쫓아냈어. 원나라 황실에 있던 기황후는 고려에 있던 가족이 죽임을 당하거나 벼슬에서 쫓겨나자 군사를 보내 복수하겠다고 큰소리를 쳤어. 하지만 한족의 반란을 막기에도 힘이 부쳤단다.

공민왕은 원나라가 고려를 지배하기 위해 만든 관청을 없애고, 원나라의 연호와 관등 제도를 폐지하여 문종 때의 제도로 바꾸었어. 이렇게 해서 고려를 다시 황제국에 걸맞은 나라로 되돌려 놓았단다.

공민왕은 자신이 반원 개혁을 펼치면 원나라가 침략하리라 예상했어. 그래서 먼저 압록강 너머 원나라의 요새들을 공격해 침략을 방지하고, 동북면에 있는 쌍성총관부를 몰아냈어. 쌍성총관부는 1258년 몽골군이 화주(지금의 함경도 영흥)에 설치하여 철령 이북을 직접 지배한 관청이었어. 그러니까 공민왕이 철령 이북 땅을 99년 만에 되찾은 거야.

공민왕이 쌍성총관부를 몰아낼 때 협력한 사람들이 있었어. 나중에 조선을 건국하는 이성계와 그의 아버지 이자춘은 원래 쌍성총관부에서 대대로 원나라 벼슬을 하던 집안이었다는구나. 하지만 세력이 컸기 때문에 고려는 영토를 회복하는 데 그들의 협조가 필요했어. 원나라가 이제 힘이 다했다는 것을 알아차린 이자춘과 이성계는 쌍성총관부를 몰아내는 데 협조하고 그 대가로 고려의 벼슬을 얻게 된단다.

【 홍건적을 막아라 】

홍건적은 원나라에 맞서 반란을 일으켰지만 시간이 지나자 원나라 군사에게 쫓기기 시작했어. 그러다가 고려 땅까지 몰려오게 되었단다. 1359년에는 서경까지 들어와서 고려 사람들을 마구 죽였어. 2년 뒤 다시 몰려왔을 때는 20만 명이라는 엄청난 수였어. 홍건적은 고려군의 방어선을 뚫고 물밀듯이 밀고 내려왔어. 그 기세가 어찌나 대단했는지 도읍 개경이 금세 위험해졌지.

일이 이렇게 되자 공민왕은 개경을 버리고 경상도 복주(지금의 안동)로 피난을 갔어. 개경은 홍건적에게 함락당해 불길에 휩싸였지. 중국에서 일어난 한족의 반란 때문에 엉뚱하게도 고려가 망하게 될 지경이었단다. 그때 고려는 홍건적의 나라가 될지도 모를 심각한 위기를 맞고 있었어.

하지만 고려는 전국에서 군사를 모아 20만 대군을 갖추었어. 그리고는 반격에 나서서 개경을 포위했단다. 이제 홍건적 20만과 고려군 20만의 대결

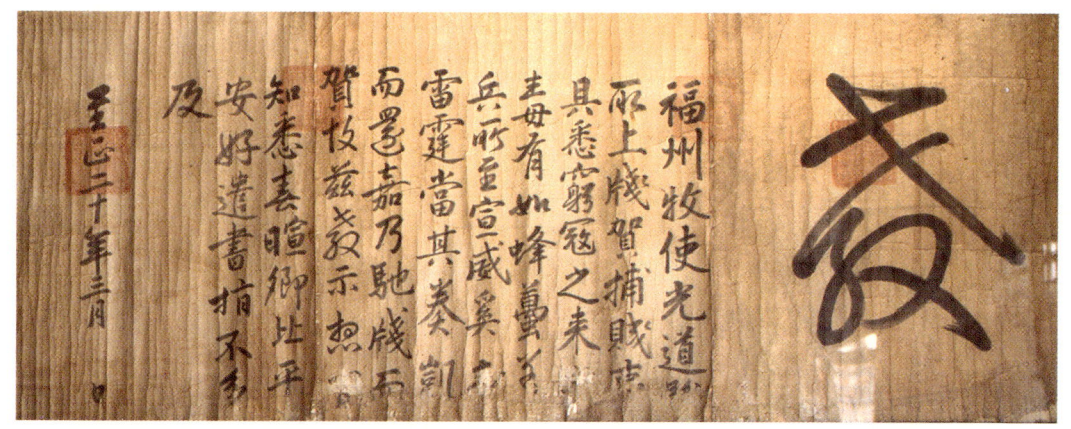

정광도 포장 교서 복주의 지방관 정광도가 공민왕에게 홍건적을 물리친 것을 축하하는 글을 올리자, 이를 가상히 여긴 공민왕이 정광도를 칭찬하고 안부를 묻는 내용이 담긴 교서이다.

전이 벌어진 거야. 안우, 이방실, 김득배, 최영 등이 이끄는 고려군은 성을 넘어 홍건적을 마구 짓찔렀어. 그때 죽은 홍건적이 10만 명이나 됐다고 해. 홍건적은 겨우 도망 나와 압록강을 건너 달아났어.

그런데 공민왕은 여러 차례 전쟁을 치르면서 최영 같은 장수들의 권력이 커지자 두려움에 빠졌어. 그런데다 사랑하는 아내 노국대장공주까지 세상을 떠나자 공민왕은 큰 상처를 입었지. 그 후 공민왕은 승려 신돈에게 정치를 맡기고 자신은 노국대장공주를 추모하는 일에 매달렸단다.

【 신돈과 공민왕의 최후 】

신돈은 먼저 전쟁에서 큰 공로를 세운 최영 같은 장수들을 쫓아내고 권력을 장악했어. 당시 권세가들은 토지와 노비를 불법으로 많이 갖고 있었어. 신돈은 전민변정도감이라는 관청을 만들어서 권세가들이 강제로 빼앗은 토지를 원래 주인에게 돌려주고 억울하게 노비가 된 양인을 해방시켜 주었지. 해방된 노비들은 신돈을 성인으로 모셨단다.

하지만 신돈의 권력이 점점 커지자 공민왕은 다시 불안해졌어. 그런데 마침 그 무렵 한족이 일으킨 반란으로 세워진 명나라가 중국 땅에서 원나라를 몰아냈어. 명나라는 유학을 중시하는 나라여서 불교를 달가워하지 않았지. 그래서 승려가 정치를 하고 있는 고

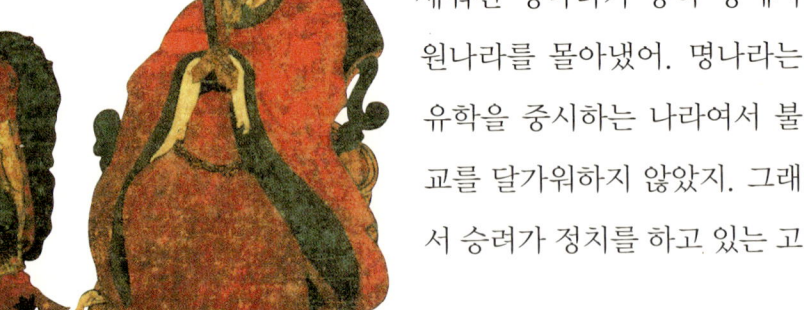

공민왕과 노국대장공주의 영정

공민왕과 노국대장공주의 무덤 왼쪽이 공민왕의 무덤 현릉이고, 오른쪽이 노국대장공주의 무덤인 정릉이다. 두 무덤은 모두 공민왕이 생전에 만든 것인데, 내부가 구멍으로 연결되어 영혼이 만날 수 있게 설계되어 있다. 개성 서쪽 봉명산 기슭에 있다.

려를 못마땅하게 여겼어. 이런 분위기를 틈타 공민왕은 신돈을 죽이고 말았어. 그리고 자신이 정치를 도맡아 하려고 했지만 신돈에게 쫓겨났던 최영이 다시 돌아와 권력을 거머쥐었지. 그 뒤 공민왕은 암살당하는데, 그 배후가 누구인지는 지금도 잘 알 수가 없단다.

공민왕의 죽음과 함께 반원 개혁도 중단되었지만, 공민왕이 이끈 반원 운동이 성공한 덕분에 고려는 86년 만에 원나라의 지배에서 벗어나게 되었어. 원나라의 속국에서 온전한 독립국으로 우뚝 서게 된 거지.

키워드 + 목화

목화씨 한 알에서 시작된 의복 혁명

우리가 입는 속옷은 부드럽고 따뜻한 면으로 만든 거야. 만약 면이 없었다면 속옷을 무엇으로 만들었을까? 까끌까끌한 베? 그것도 아니면 짐승 가죽? 팬티를 짐승 가죽으로 지어 입으면 마치 원시인 같았을지도 모르겠네.

우리나라에서 면이라는 옷감이 본격적으로 만들어진 것은 고려 시대부터 야. 바로 문익점이 원나라에서 목화씨를 가져와 보급할 때부터이지.

문익점은 공민왕 때 과거에 급제해 왕이나 신하의 잘못을 지적하는 벼슬인 간관으로 활동했어. 그러다가 원나라에 사신으로 가서는 공민왕에게 반대하는 세력을 도왔지. 나중에 공민왕의 권력이 커지자 고려로 돌아와 벼슬을 내놓고 고향인 경상도 진주에서 조용히 농사를 지었어. 그때부터 문익점은 변절자라는 비난을 받았단다.

문익점은 원나라에 머물다가 고려로 귀국할 때 목화씨를 얻어 지니고 돌아왔어. 그리고 그것을 장인 정천익에게 주어 심게 했지. 처음에는 재배하는 방법을 잘 몰라서 목화가 한 줄기만 남고 말라 죽고 말았어. 간신히 남은 한 줄기를 수확해 불려 나간 끝에 3년째 되는 해에는 많은 수확을 얻게 되었지.

정천익은 고려에 온 원나라 승려 홍원의 도움을 받아 목화씨를 뽑는 장치와 목화에서 실을 뽑는 장치까지 개발했어. 그러니까 목화씨를 원나라에서 가져온 사람은 문익점이지만, 목화를 성공적으로 재배하고 가공하는 기구를 개발한 사람은 정천익이지.

문익점이 목화씨를 붓두껍에 감추어 몰래 가져왔다는 이야기가 전해 오지만 정확한 사실인

목화

씨아 목화의 씨를 빼는 기구.

목화씨 빼기 씨아의 앞을깨에 걸터앉아 오른손으로 씨아손을 잡고 돌리면서 왼손으로 목화를 가락의 틈새로 넣으면 씨가 빠져나온다.

지는 알 수 없어. 고려에서는 문익점이 목화씨를 가져오기 전부터도 목화가 재배되고 있었거든. 다만 목화의 품종이 좋지 못해 옷감으로 별로 사용되지 못했을 뿐이지.

그렇다고 문익점과 정천익의 업적이 결코 작은 것은 아니야. 두 사람의 노력 덕분에 품질 좋은 목화를 많이 수확할 수 있었고 옷감으로 만드는 기술도 개발되었지. 면제품은 값이 싸고 질이 좋았기 때문에 우리나라에 의복 혁명을 가져왔다고 할 만해. 면제품은 땀을 잘 흡수하고 촉감이 좋으며 따뜻하면서도 비싸지 않아서 가난한 사람들도 입을 수 있었어.

우리나라에서 목화를 재배하고 옷감으로 만드는 기술을 얻은 것은 국제적인 교류 덕택이었고, 문익점과 정천익이 그러한 교류의 중심에 서 있었던 거란다.

물레 솜이나 털 따위의 섬유를 자아서 실을 뽑는 기구.

실 잣기 바퀴 모양으로 생긴 물레를 이용해 실을 잣는다. 물레를 돌리면 솜 속의 가늘고 짧은 실들이 조금씩 꼬이면서 질기고 긴 실이 된다.

베짜기 날실을 베틀에 올리고 씨실 넣은 배 모양의 북을 좌우로 반복하여 이동시켜 날실과 씨실을 엇갈리게 엮어 베를 짠다.

키워드 31 화포

전쟁과 과학 기술의 만남

왜구는 삼국 시대부터 해안 마을에 침입해 노략질을 일삼았는데, 고려 말에 이르러 일본에 내전이 일어나면서 더욱 극성을 부렸어. 내전을 치르면서 노동력과 물자가 필요했기 때문에 고려에서 약탈하려고 한 거지. 왜구는 대부분 단순한 해적 집단이 아니라 일본의 정규군이었지만, 마치 해적처럼 배를 이용해 금세 나타났다 사라지곤 했기 때문에 막아 내기가 어려웠어. 이러한 고민을 해결한 사람이 화약 만드는 기술을 알아내고 화포를 발명한 최무선이란다.

【 최무선의 화포 제작 】

경상도 영주(지금의 영천) 출신인 최무선은 기술과 병법에 밝은 인물이었지. 그는 왜구를 제압할 방법이 없을까 고심하다가 화약이 최고라는 결론에 다다랐어. 왜구가 육지에 올라와 피해를 주기 전에 바다에서 무찔러야 했으므로 무엇보다도 강력한 함대가 있어야 했지. 고려의 배는 일본의 배보다 훨씬 크고 튼튼해서 화포를 제작해 배에 실어 발사하면 왜구의 배를 파괴하고 왜구를 몰살시킬 수 있다고 생각했어.

화포를 발사하려면 화약이 있어야 하는데, 화약 만드는 기술은 중국에서도 특급 비밀이라 고려에는 화약 제조 기술을 아는 사람이 없었어. 최무선은 중국에서 상인들이 올 때마다 그 비법을

원나라의 대포와 질려포 1332년 원나라에서 만든 대포는 지금까지 남아 있는 대포 가운데 세계에서 가장 오래되었다. 질려포는 적에게 던져서 폭발시키는 일종의 수류탄 같은 것이다.

아는지 묻고 또 물었어. 번번이 실패했지만 포기하지 않고 오랫동안 화약 만드는 기술을 알아내려고 노력했지.

　정성이 통했는지 중국의 화약 제조업자가 상인들 틈에 끼어 고려에 왔어. 최무선은 그에게 접근해 잘 대접하면서 슬며시 물어보아 화약 만드는 비법을 알아내는 데 성공했단다. 그러고는 자기 집 노비들에게 화약 제조 기술을 익히게 했어. 갖은 노력 끝에 최무선은 화약을 만들어 냈고 폭발 실험도 성공시켰어. 최무선 덕분에 고려는 화약 만드는 기술을 갖게 되었지.

　이제 최무선은 왜구를 물리칠 길을 찾았다는 생각에 용기를 얻었어. 그래서 화약과 화포를 만드는 관청을 설치해 달라고 조정에 건의했지. 그러나 재상과 관료들은 믿어 주지 않았고 심지어 비웃기까지 했어. 그때로서는 화약과 화포 제작이 워낙 최첨단 기술이라 최무선을 허풍쟁이라고 생각한 거지. 최무선은 그래도 포기하지 않고 몇 년 동안 끈질기게 설득해 왕과 재상의 허락을 얻어 냈어. 이렇게 하여 1377년에 설치된 기구가 화통도감이야. 최무선은 이 기구의 책임자가 되어 화약과 다양한 화포를 만들었어.

　화통도감에서는 여러 가지 화약 무기를 만들고 전함에 화포를 설치했어.

대장군포 고려 말에 최무선이 창설한 화통도감에서 만든 화포로 알려져 있다. 사진의 대장군포는 조선 시대 것으로, 지상 전투와 해전에 사용되었다.

고려 시대의 무기

고려는 삼국 시대와 남북국 시대의 무기를 개량하여 더욱 발전시켰다. 특히 다양한 활 무기를 제작하였고, 14세기 말에는 화포까지 만들어 냈다.

창과 칼

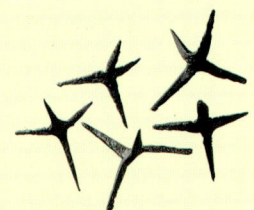

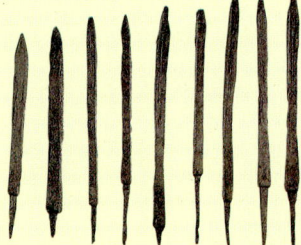
화살촉

말 지뢰 적이 진격해 오는 곳에 뿌려 놓아 말을 쓰러뜨리는 무기이다. 특히 풀섶에 뿌려 놓으면 눈에 띄지 않아 기병을 막는 데 효과적이었다.

해마기 바다를 나는 말이 그려진 고려 시대 깃발이다.

경번 갑옷과 투구 쇠미늘과 쇠고리를 연결하여 만든 갑옷이다. 고려 말에 왜구를 물리친 정지 장군이 입었던 갑옷을 복원한 것이다.

승자총통 불씨를 손으로 점화하여 발사하는 화기로, 고려 말이나 조선의 세종 이전에 제작된 것으로 추정된다.

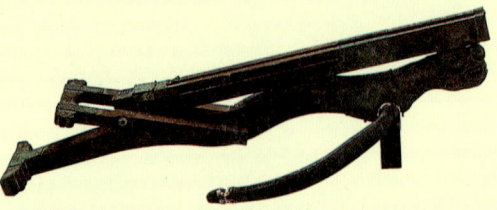
쇠뇌 활의 일종으로, 활보다 더 멀리 쏠 수 있고 살상력이 더 강해 장거리 공격용으로 쓰였다. 고려 때는 이전의 쇠뇌를 개량해서 신종 쇠뇌를 많이 만들었다.

화포를 다룰 수 있는 부대도 만들어졌어. 그런데 화포를 만들어도 배가 튼튼하지 않았으면 아무 소용이 없었을지도 몰라. 몸체가 가볍고 바닥이 뾰족한 일본 배에 화포를 실었다면 대포 한 방만 쏘아도 대포의 반발력 때문에 갑판이 부서지거나 배가 뒤집혀 버렸을 테니까. 최무선이 만든 화포가 제 실력을 뽐낼 수 있었던 것은 무겁고 튼튼한 고려의 배가 있었기 때문이야. 이제 고려는 최첨단 대포로 무장한 함대를 거느리게 된 거지.

【 화포의 승리, 진포 대첩 】

1380년 8월, 마침내 새로운 함대에 출전 명령이 떨어졌어. 최무선과 여러 장수가 이끄는 배는 모두 100척이었지. 고려 함대가 서해 바다를 누비며 왜구들의 배를 추격했어. 그때 저 멀리 금강 하구의 진포라는 곳에 왜구들이 배 500척을 정박해 놓고 육지 마을을 노략질하고 있었어. 고려 함대가 다가가 화포를 연달아 발사하기 시작했어. 순식간에 포탄이 온 하늘을 덮을 듯이 날아가 왜구들의 배를 강타했지. 어느새 왜구들의 배는 모조리 박살이 나고, 배에 있던 왜구들은 바닷물에 빠져 죽었어. 이를 '진포 대첩'이라고 하는데, 국제 교류를 통해 얻은 과학 기술이 안겨 준 승리였지.

진포 대첩 이후로 왜구는 점차 사라져 갔어. 화포가 장착된 함포는 조선 시대에 더욱 발달했는데, 임진왜란 때 이순신의 함대가 승리할 수 있었던 이유는 무엇보다도 우수한 함포 덕분이었단다.

최무선 장군 추모비 최무선 장군이 태어난 경상북도 영천시에 세워졌다.

키워드 32 　최영

고려의 마지막 영웅

고려 말기에 가장 많이 활약한 장수는 최영과 이성계야. 최영은 "황금을 보기를 돌같이 하라."는 아버지의 가르침에 따라 청렴하게 산 장수로 알려져 있지. 최영은 고려가 위기에 빠질 때마다 승리를 거두어 나라를 구했어. 최영보다 스무 살 어리지만 강력한 맞수가 된 이성계도 백전백승하는 유능한 장수였지. 하지만 이 둘은 서로 세상을 보는 눈이 달랐어. 고려가 망하고 조선이 세워진 데에는 이 두 장수의 싸움이 결정적인 역할을 한단다. 최영이 새로운 나라를 세우려 한 이성계에게 패함으로써 500년 고려 왕조 또한 막을 내리게 된 거야.

【 최영의 시대가 펼쳐지다 】

최영은 홍건적을 물리치는 등 수많은 전투에서 승리를 거두어 고려의 전쟁 영웅이 되었어. 그리고 재상 벼슬에 올라 군사 지휘권을 한 손에 쥐었지. 최영은 공민왕 때부터 우왕 때까지 세력을 떨쳤는데, 특히 우왕 때는 권세가 왕을 훨씬 넘어설 정도였어.

　최영이 군사권을 쥐고 있을 무렵 고려는 왜구 때문에 큰 피해를 입고 있었어. 고려 말기는 왜구와의 전쟁 시대라고 해도 지나치지 않지. 왜구는 남해안과 서해안에 출몰하더니 공민왕 때는 강화도는 물론이고 개경 바로 앞 예성강 일대에까지 나타났단다.

　왜구들은 작고 빠른 배를 타고 순식간에 나타났다가 노략질을 하고는 금방 사라져 버려서 막기가 매우 어려웠어. 왜구가 나타났다는 소식을 듣고 곧장 군대를 파견해도 워낙 재빨랐기 때문에 잡을 수가 없었지. 왜구는 점차 대담해져서 육지 깊숙이까지 들어와 오랫동안 머무르기도 했어. 처음에는 그냥 식량과 사람을 약탈하는 것이 목적이었지만 나중에는 고려 왕조를 무너뜨리려고까지 했단다.

1376년에는 왜구가 충청도 홍산을 침략했어. 최영은 이미 늙은 몸이었지만 직접 전투에 나섰지. 최영이 삼면이 절벽으로 막힌 좁은 길로 진격을 명령했지만, 장수와 병사들은 왜구가 몰래 숨어 있을까 두려워 나아가려 하지 않았어. 분노한 최영이 앞장서 적진을 향해 달려갔지. 그때 몰래 숨어 있던 왜구가 쏜 화살이 최영의 입술에 꽂혔단다. 그런데도 최영은 태연히 활을 당겨 그 적병을 명중시키고는 입술에 꽂힌 화살을 뺐다는구나. 그러고는 다시 돌격해 적을 마구 무찔렀지. 뒤에서 최영의 모습을 보고 있던 고려군은 용기를 얻어 왜구를 거의 몰살시켰단다. 이것이 바로 최영의 '홍산 대첩'이야.

고려군은 왜구가 육지에 오른 다음에는 이미 늦는다는 것을 알고 많은 군함을 만들어서 바다를 지켰어. 최무선이 화포를 만들어 1380년 진포에서 왜구를 격파했다는 거 기억나지? 이때 진포에서 돌아갈 배를 잃은 왜구는 퇴각할 길을 뚫기 위해 마을을 불태우는 등 막심한 피해를 입혔어. 고려 정부는 이들을 토벌하기 위해 이성계에게 왜구가 극성을 부리는 지역의 방위를 맡게 했지. 처음에는 왜구가 험한 지형을 택해 움직이는 바람에 고려군에게 불리했지만, 이성계는 이를 무릅쓰고 장수와 병사들을 격려해 마침내 전라도 운봉의 황산에서 왜구를 크게 무찔렀어. 이것이 이성계의 '황산 대첩'이란다. 이렇게 최영과 이성계는 왜구를 몰아내는 데 큰 공을 세웠어.

최영 장군 흉상

어휘각 이성계가 황산 대첩의 승리는 자기 혼자만이 아니라 여러 사람의 공으로 이루어졌다며 암벽에다 전투에 참여한 장수들의 이름을 새겼는데, 일제가 정으로 쪼아 버려 그 잔해만 남아 있던 것을 1973년 어휘각을 건립하여 보호하고 있다. 전라북도 남원시 운봉에 있다.

【요동 정벌을 시도하다】

왜구의 침략에서 나라를 구한 최영은 권세가 더욱 막강해졌어. 우왕은 최영의 권력을 눌러 보려고 갖은 수를 썼지만 잘되지 않았지. 이런 때에 중국의 명나라가 고려를 협박해서 수많은 말을 빼앗아 갔어. 원나라와 싸우느라 말이나 전쟁 물자가 필요했던 거야. 명나라는 여기에 그치지 않고 고려가 원나라에서 되찾은 땅을 갑자기 자기네 땅이라고 우겼어.

명나라가 고려의 땅을 빼앗으려는 뜻을 굽히지 않자 우왕은 이제 명나라와 전쟁을 할 수밖에 없다고 판단했어. 우왕은 내키지 않았지만 어쩔 수 없이 최영과 다시 손을 잡아야 했지. 우왕과 최영은 명나라의 요동 땅을 정벌하기로 하고 전국에서 군사를 모았어.

이성계는 작은 나라가 큰 나라를 거역할 수 없는 데다 여름철이라 전쟁을 하기에 좋지 않다는 이유를 내세워 요동 정벌을 강력히 반대했어. 하지만 우왕과 최영은 서경으로 가서 정벌군을 편성했어. 우왕과 총사령관 최영이 출병을 명령하자, 우군도통사를 맡은 이성계는 하는 수 없이 군사 10만을 이끌고 요동을 향해 떠날 수밖에 없었지.

군대가 압록강의 위화도에 닿았을 때 이성계는 군대를 고려 땅으로 돌렸어. 왕과 총사령관의 명령을 거역하고 반역을 일으킨 거야. 이것이 바로 그 유명한 '위화도 회군'이란다.

【 고려 왕조가 망하고 조선 왕조가 열리다 】

우왕과 최영은 개경으로 급히 돌아와 이성계와 맞섰지만 역부족이었어. 요동으로 향하는 이성계에게 군사를 거의 다 내주었기 때문이지. 최영과 우왕은 바로 쫓겨나고 말았어.

이성계는 정도전, 조준 같은 유학자들의 도움을 받아 정권을 잡고 군사권도 차지했어. 정도전, 조준 등의 유학자들은 자기들이 중심이 되는 유교의 나라를 꿈꾸었어. 그러기 위해서는 불교 국가인 고려를 뒤엎고 새로운 나라를 세워야 한다고 생각했지. 그래서 강력한 무력을 가진 이성계와 손잡고 이성계가 왕이 되도록 힘껏 도왔던 거야. 그 뒤 이성계와 그를 지지하는 세력들은 최영을 비롯해 자기들에게 반대하는 많은 사람들을 죽이고, 1392년 조선 왕조를 열게 된단다.

최영은 우왕이 원했다고 해도 요동 정벌을 시도하지 말았어야 했을까? 요동 정벌을 떠나지 않았다면 이성계에게 군사를 내주지도 않았을 테고, 그러면 이성계가 고려를 멸망시킬 계기도 얻지 못하지 않았을까?

그랬다면 고려가 멸망하지 않았을지도 모르지. 하지만 요동 정벌을 나섰기 때문에 명나라는 겁을 먹고 더 이상 고려 땅을 넘볼 수 없었던 거야. 공민왕 때 원나라에서 되찾은 함경도 땅은 그렇게 지켜 낸 거란다.

연표

고려

918년 왕건이 철원에서 태봉의 왕 궁예를 몰아내고 즉위해 고려를 다시 세웠다.

919년 송악을 개경으로 승격해 이곳으로 도읍을 옮겼다.

935년 아들 신검에게 쫓겨난 후백제 왕 견훤이 고려에 항복하였다. 신라 경순왕이 고려에 항복함으로써 신라가 멸망하였다.

936년 왕건의 군대가 후백제 왕 신검의 군대를 격파해 후백제를 멸망시킴으로써 후삼국을 통일하였다.

943년 태조 왕건이 훈요 10조를 남기고 세상을 떠났다. 2대 혜종이 즉위하였다.

945년 고려를 세울 때 큰 공을 세운 박술희와 왕규가 살해당하였다.

956년 광종이 노비안검법을 실시하여 억울하게 노비가 된 사람들을 풀어 주었다.

958년 광종이 중국 출신 쌍기의 건의를 받아들여 우리나라 최초로 과거 시험을 실시하였다.

960년 광종이 관리의 복식을 제정하였다.

976년 관리나 귀족들에게 토지를 나눠 주는 전시과를 처음 시행하였다.

982년 최승로가 성종에게 시무 28조를 비롯한 상소문을 올렸다.

992년 국가에서 필요한 인재를 기르기 위해 국립 교육 기관인 국자감을 설립하였다.

993년 거란이 고려를 침략하자 서희가 거란 장수 소손녕과 담판을 벌여 막아 냈다.

996년 우리나라 최초의 금속 화폐인 건원중보를 주조하였다.

1011년 거란군의 2차 침략으로 개경이 함락되었으나 양규 등의 활약으로 거란군을 물리쳤다.

1018년 강감찬이 귀주에서 거란군의 3차 침략을 크게 물리쳤다(귀주 대첩).

1044년 여진과 거란의 침략을 막기 위해 쌓기 시작한 천리장성을 완성하였다.

1055년 관직에서 물러난 최충이 사립 학교인 9재 학당을 세웠다.

1087년 현종 때 만들기 시작한 초조대장경이 완성되었다.

1097년 국청사가 완공되자 의천이 이 절에서 천태종을 개창하였다.

1102년 동전인 해동통보를 주조하였다.

1104년 여진족을 정벌했지만 실패하고 별무반을 창설하였다.

1107년~1108년 윤관과 척준경이 이끄는 고려군이 여진을 정벌하고 9성을 쌓았다.

1109년 9성을 여진에게 돌려주었다. 국자감에 7개의 전문 강좌인 7재를 설치하였다.

1119년 국자감에 장학 재단인 양현고를 설치하였다.

1122년 16대 예종이 세상을 떠나자 아들 인종이 외할아버지 이자겸의 도움으로 왕위에 올랐다.

1126년 인종 측과 이자겸 측이 격돌하여 대궐이 불탔다. 인종이 이자겸을 정주(영광)로 귀양 보냈다.

1127년 묘청, 정지상 등 서경 사람들이 서경 천도 운동을 펼쳤다.

1135년 서경 사람들이 개경 정부에 반대해 군대를 일으키자 김부식이 이끄는 개경 군대가 서경으로 진격하였다.

1145년 김부식이 『삼국사기』를 완성하였다.

1170년 정중부, 이의방, 이고가 무신 정변을 일으켜 의종을 몰아내고 19대 명종을 왕위에 올렸다. 이의방이 무인 정권을 세움으로써 100여 년에 걸친 무인 집권 시대가 열렸다.

1176년 공주 명학소에서 망이와 망소이가 봉기하였다.

1183년 경대승이 병으로 세상을 떠나자 노비 출신 이의민이 정권을 잡았다.

1190년 경주 지역에서 농민들이 봉기를 일으켰다.

1193년 이규보가 「동명왕편」을 지었다.

1197년 최충헌·최충수 형제가 명종을 쫓아내고 20대 신종을 왕위에 올렸다. 최충헌이 동생 최충수를 몰아내고 권력을 독차지하면서 4대 60여 년에 걸친 최씨 무인 정권이 열렸다.

1198년 노비 만적이 노비 해방을 부르짖으며 개경에서 봉기를 일으키려다가 실패하였다.

1219년 김취려, 조충 등이 평양 동쪽 강동성에서 몽골군과 힘을 합쳐 거란군을 물리쳤다.

1231년 몽골군이 고려를 침략하기 시작하였다.

1232년 고종과 무인 정권이 강화도로 천도하였다. 동쪽 해안을 지키기 위해 강화 외성을 쌓기 시작하였다. 초조대장경이 몽골군에 의해 불타고 처인성 사람들이 몽골군 사령관 살리타를 사살하였다.

1234년 금속 활자로 「상정고금예문」을 간행하였다.

1238년 몽골군이 경주 황룡사를 불태웠다.

1251년 1236년에 새기기 시작한 팔만대장경을 16년 만에 완성하였다.

1259년 고려가 태자 원종을 몽골에 보내 화해를 청하였다.

1270년 임유무가 암살당하면서 무인 정권이 무너졌다. 강화도로 옮겨 갔던 고려 정부가 개경으로 돌아왔다. 삼별초가 강화도에서 봉기해 진도로 들어갔다.

1273년 진도에서 탐라(제주도)로 들어갔던 삼별초가 몽골과 고려 연합군에 의해 최후를 마쳤다.

1274년 원나라 세조의 딸 제국대장공주와 결혼한 충렬왕이 왕위에 오르면서 원나라의 사위 나라가 되었다. 원나라가 고려군과 연합하여 일본 원정을 떠났으나 실패하였다.

1281년 원나라와 고려 연합군이 2차 일본 정벌을 단행하였다.

1281년경 일연이 『삼국유사』를 완성하였다.

1287년 이승휴가 『제왕운기』를 지었다.

1314년 충선왕이 원나라 수도 대도(베이징)에 만권당을 세웠다.

1340년 공녀로 원나라에 간 고려 여인 기씨가 원나라 순제의 황후가 되었다.

1351년 원나라가 충정왕을 몰아내고 공민왕을 고려 국왕으로 세웠다.

1352년 공민왕이 변발 등 몽골 풍속을 폐지하였다.

1356년 기철 등 친원파를 몰아내고 동북 지역 영토를 되찾으면서 원나라의 간접 지배에서 벗어났다.

1362년 고려군이 홍건적을 격퇴하였다.

1363년 문익점이 원나라에 사신으로 갔다가 목화씨를 가져왔다.

1370년 고려군이 요동 정벌을 두 차례 단행하였다.

1376년 최영이 홍산에서 왜구를 무찔렀다(홍산 대첩).

1377년 최무선이 화약과 화포를 만들었다. 흥덕사에서 금속 활자로 『직지심체요절』을 간행하였다.

1380년 최무선은 진포에서 화포로 왜구를 크게 무찌르고(진포 대첩), 이성계는 운봉의 황산에서 왜구를 크게 무찔렀다(황산 대첩).

1388년 우왕과 최영이 요동 정벌을 명령했으나 이성계가 반역해 위화도에서 군대를 돌리고 우왕과 최영을 몰아냈다. 우왕의 아들 창왕이 즉위하였다.

1389년 이성계가 창왕을 몰아내고 공양왕을 왕으로 세웠다.

1391년 문란한 토지 제도를 바로잡기 위해 과전법을 시행하였다.

1392년 이성계가 공양왕을 몰아내고 왕위에 올라 자신의 왕조를 세움으로써 고려가 멸망하였다.

1393년 태조 이성계가 새 나라 이름을 조선으로 고쳤다.

찾아보기

ㄱ

강감찬 68~71, 107, 165
강동 6주 60~62, 64, 65, 68
강민첨 69
강조 63
강화도 166~169, 182, 184
개경 23, 81, 83, 86~89, 143~145, 166~169, 189, 198
개성 23, 36
거란 24, 32, 56~60, 62~64, 68, 70~73, 107, 181
건원중보 95
격구 131, 138~141
견훤 14~17, 19, 23, 24
결사 운동 157
경대승 132, 133
경종 52, 53
『고려도경』 150
『고려사』 22, 114, 115, 123
고려양 178
고려청자 148~151, 153, 154
고창 전투 26
공녀 176~178

공민왕 186~191, 198, 201
공산 전투 30
공음전 제도 72
과거 제도 42, 45, 46, 48, 131
광종 42~45, 47, 131
교종 102, 103, 156~159
9재 학당 77
구텐베르크 185
국자감 76, 77
궁예 14~19, 21~23, 26, 43
귀주 대첩 67~71
금나라 109, 118~121, 164
금속 활자 185
기황후 178, 179, 188
김돈중 130
김득배 190
김부식 120~126, 137
김숙흥 64, 65, 67
김윤후 170, 171
김준 133
김치양 52~54

ㄴ

남경 81, 83, 97
남송 164

노국대장공주 186, 190, 191
노비안검법 44

ㄷ

대몽 항쟁 162
대장경 180~182, 184
대화궁 119, 120
도선 20, 33
도호부 79
동경 81, 83, 144
『동국이상국집』 136, 137, 184
「동명왕편」 132, 135~137
동북 9성 106, 108, 109
두경승 138

ㅁ

만권당 173, 174
만적 134, 144~147
만적의 난 142
망이와 망소이 143
명경과 45
명나라 190, 200, 201
목 79
목종 52~55, 62

목화 192, 193

몽골 132, 133, 135, 140,
153, 162~172, 182

몽골풍 173

묘청 118~122, 124, 132, 142

무신 정변 118, 121, 130~132,
138, 142, 144, 156

무인 정권 128, 130~135,
137, 142~145, 153, 162,
166, 167, 169, 182

문익점 192, 193

문종 72~75, 95, 188

문헌공도 77

―――――――――――

ㅂ

박수경 25, 28, 42

박술희 32

반원 개혁 187, 188, 191

백련사 158, 159

벽란도 73, 86, 89

변발 187

별무반 107, 108

보현원 128~132

본관 28~31

본관 제도 28

불교 34, 48~50, 98~100,
102~105, 123, 126

불교 정화 운동 156~158

―――――――――――

ㅅ

4경 81, 83

사학 12도 73, 76, 77

살리타 164, 170, 171

삼경 78, 81, 83

『삼국사』 124, 137

『삼국사기』 122~126, 137

『삼국유사』 14, 126, 127

삼별초 133, 169

상감 청자 150~152, 154

『상정고금예문』 184

서경 23, 33, 81, 83,
118~121, 142

서경 천도 운동 118, 121,
124, 132, 142

서긍 150

서방 133

서희 56, 58~61, 62, 107

선암사 102

선종 102, 103, 156~159

성균관 76, 89

성종 48~50, 52, 53, 55, 57,
58, 60, 73

소배압 68, 69

소손녕 56~60

송광사 102, 146, 158

송나라 37, 45, 56, 58~60,
62, 64, 72, 73, 79, 89

송악 18, 20, 21, 23, 81, 87

수박 131, 138, 139, 141

수선사 146, 158, 159

숙종 94~96, 107

순제 178, 179

승과 45

시무 28조 48, 49

신검 24, 27

신돈 190, 191

신법 95

신숭겸 22, 24, 25, 28~30

신채호 118, 121

쌍기 44

쌍성총관부 188, 189

―――――――――――

ㅇ

아자개 14

안우 190

양규 62~65, 67, 107
양길 17, 18
여진 27, 37, 59
연등회 33, 36, 40, 41, 49, 50, 54, 55, 58, 98
예성강 21, 73, 87, 89, 198
예종 110, 112
5도 양계 78
오병수박희 128
완산주 17
왕건 18, 20~26, 28~30, 34, 35, 40, 48, 87
왕욱 52, 53
왜구 194, 195, 197~200
요나라 109
요동 정벌 200, 201
요세 158, 159
용건 18, 20, 21, 30
우왕 198, 200, 201
운주 전투 24
원 간섭기 172, 175
원구단 50, 51
원나라 169, 172~179, 186~189, 191, 192, 194, 201
원종 169, 173
위화도 회군 201

유교 34, 41, 47, 48, 50, 52~55, 76, 98, 99, 141, 201
유금필 25~27
유학 47, 123, 124, 126, 190
윤관 28, 94~96, 106~109
은병 95, 97
음서 제도 46
의종 128, 130, 138, 140
의천 94~96, 102, 103, 125
이고 130, 131
이곡 177, 178
이규보 116, 132, 135~137
이방실 190
이색 173
이성계 31, 127, 140, 188, 189, 199, 200
이소응 128, 129
이의민 130, 132, 133, 135, 138, 144
이의방 130~133, 156, 157
이자겸 109~115, 118
이자겸의 정변 110, 114, 118
이자연 110
이자춘 188, 189
이제현 174
이지백 58

인종 110~116, 119, 122
인주 이씨 110~112
일리천 전투 24, 27
일연 126, 127
임연 133
임유무 133, 169

ㅈ

작제건 20, 21, 30
잡과 45
전민변정도감 190
전시과 제도 72
정균 157
정도전 117, 174, 201
정몽주 174
정성 65
정중부 129, 130~133
정천익 192, 193
제국대장공주 173
제술과 45
조계종 156, 159
조위총 142
조준 201
지눌 159
『직지심체요절』 185

진포 대첩 197

ㅊ

처가살이 116, 117
처인성 전투 170, 171
척준경 113, 114, 118
천추 태후 52~55, 62
천태종 102, 103, 156, 159
철원 18, 21
초조대장경 72, 170, 181, 182
최무선 194, 195, 197
최승로 48~51, 55, 56
최영 190, 198~201
최우 132, 133, 137, 140, 162, 166, 168, 182, 184
최의 132, 133, 168
최충 76, 77
최충헌 132~134, 146, 157
최항 132, 133, 135, 182
충렬왕 173
충목왕 186
충선왕 173
충숙왕 186
충정왕 186
충혜왕 186

칭기즈칸 162, 163, 173, 176,
칭제건원 119, 120

ㅋ

코리아 86, 89
쿠빌라이 173

ㅌ

탐라 169
태봉 21, 36, 43
태조 왕건 20, 21, 27~30, 32, 34~36, 48, 56
테무친 163

ㅍ

팔관회 33, 36~39, 49, 50, 54, 55, 58, 98, 113
팔만대장경 180, 184
풍수지리설 34, 99

ㅎ

한뢰 128

함보 75
해동통보 94, 96, 97
향·소·부곡 79, 143
향교 76~78
향리 76, 79, 81
헌종 94
현종 53, 55, 63, 64, 71, 181
혜종 32, 42
호족 12, 13, 19, 23, 42, 78
홍건적 188, 190, 198
홍산 대첩 199
화약 194, 195
화통도감 195
화포 194~197
황산 대첩 199
후고구려 18
후백제 17, 18, 23, 24, 27
후삼국 12, 19, 20, 24, 25, 27, 28, 32, 78, 87, 98
후삼국 시대 12, 19, 26, 30, 34, 78, 149
후삼국 통일 27, 33, 99
훈요 10조 32, 33, 35, 36, 56
흥화진 61, 64, 68

사진·그림 제공 및 출처

❈ 사진 자료에 도움을 준 기관

간송미술관	청자 상감 구름·학 무늬 매병 151
경희대학교 중앙박물관	승자총통 196
고려대학교박물관	척경입비도 108
국립고궁박물관	공민왕과 노국대장공주 영정 190
국립중앙박물관	〔중박 200906-275〕 이성계의 호적 31, 청자 붓꽂이 77, 은제 도금 탁잔 84, 청자 베개 84, 머리꽂이 85, 꾸미개 85, 동곳 85, 반지·브로치·귀이개 85, 거울 걸이 85, 물가 풍경무늬 정병 104, 금동 관음보살 좌상 105, 천흥사 종 105, 인종 시책 115, 청동 도장 115, 조반 부부의 초상 117, 청자 상감 국화무늬 탁잔 151, 청자 투각 칠보무늬 향로 154, 청자 상감 연꽃 넝쿨무늬 주전자 155, 수녕 옹주 묘지석 178, 천산대렵도 187 〔중박 200907-285〕 초조본 대보적경 73, 등잔 90, 청동 추 90, 후추와 계피 90, 목간 90, 중국 동전 90, 청자 기와 150, 청자 참외 모양 병 151, 청자 음각 연꽃 넝쿨무늬 매병 155, 경천사 10층 석탑 179 〔중박 200907-317〕 신안선에서 발견된 고려청자 91, 청자 여인상 촛대 91, 청자 항아리 91, 해동통보 96, 묘법연화경 103, 부처를 모신 작은 집 105, 청자 상감 넝쿨무늬 완 154, 청자 어룡 모양 주전자 154 〔중박 200909-425〕 청자 상감 도판 84, 청자 사자 장식 뚜껑 향로 151, 청자 철화 버드나무 무늬 병 154, 이제현의 초상 174, 청자 양각 퇴화 여의두 연꽃무늬 병 155, 청자 철채 퇴화 잎무늬 매병 155
국립청주박물관	청동 도장 30, 고려의 먹 79, 맷돌 80, 질그릇 80, 쇠솥 80, 쇠항아리 80, 금강령 104, 쇠북 105, 『직지심체요절』 185, 금속 활자판 185
국립해양문화재연구소	고려의 배 89, 찻그릇 150, 녹청자 153, 청자 철화 모란 넝쿨무늬 장구 154
규장각한국학연구원	평양 지도 119, 『몽어노걸대』 175
농업박물관	씨아 192
범어사 성보박물관	『삼국유사』 126
삼성미술관 리움	개태사지 금동 대탑 25, 청자 벼루 77, 자물쇠 85, 부적 99, 아집도 대련 112, 청자 대접과 숟가락 155
서울대학교박물관	서희의 글씨 60, 김부식의 글씨 124
육군박물관	대장군포 195
이화여자대학교박물관	청자 순화 4년명 항아리 149, 청자 상감 모란·구름·봉황 무늬 화분 155
전쟁기념관	서희의 외교 담판 기록화 59, 귀주 대첩 기록화 71, 처인성 전투 기록화 170, 해마기 196, 경번 갑옷과 투구 196, 최영 장군 흉상 199
호림박물관	화엄경 그림 105
화폐박물관	해동통보 96

❈ 사진 자료에 도움을 준 곳

도서출판 혜안	강화 외성 168
민족21	고려 태조 왕건의 무덤 현릉 35, 성균관 76, 회경전 터 82, 공민왕과 노국대장공주의 무덤 190
부처님오신날 봉축위원회	부처님 오신 날에 열리는 오늘날의 연등회 행사 모습 40

북앤포토	칠장사 15, 강원도 철원 일대 18, 김제 금산사 24, 유금필 사당 26, 표충단 30, 낙성대 공원에 세워진 강감찬 장군 동상 68, 낙성대 69, 백련사 158, 강화 고려 궁터 167, 최무선 장군 추모비 197
선암사 성보박물관	대각국사 의천 영정 102
송광사 성보박물관	보조국사 지눌의 초상 157, 송광사 노비 문서 146
엔싸이버	금하굴 14, 숭의전 내부 34, 선암사 102, 원인재 111, 인각사 127, 물레 193
연합뉴스	대화궁 터 출토 기와 120
인각사	「삼국유사」 다섯째 권의 첫 부분 126
중앙포토	택견 141
통도사 성보박물관	향로 104
한국콘텐츠진흥원	정광도 포장 교서 189
한길사	「구텐베르크 성서」 185

사진 자료에 도움을 준 분

권태균	「정관정요」 43
김종길	어휘각 200
김충식	견훤산성 16
명연파	돌하르방 169
박찬석	「동국이상국집」 136, 사가재 136
손승현	개태사지 가마솥 25, 관촉사 석조 미륵보살 입상 42, 삼태사 유물 46, 비단 조각 85, 파주 용미리 석불 99, 통도사 장생표 100
정주하	강화 향교 77, 신안선 복원 모습 91, 소줏고리 172
지중근	해인사 대장경판 182
최은숙	건원중보 95, 무문철전 95, 동국중보 97, 동국통보 97, 삼한중보 97, 삼한통보 97, 해동중보 97
최일주	목화 192
황선백	철원 명성산 22

그림 자료에 도움을 준 분

김병하	팔관회가 시작되기 전에 벌이는 선랑들의 행진 37, 팔관회 상상도 38~39
백남원	개경의 시장 거리 86~87
이선희	고려의 서민 집 80, 자기소에서 도기를 만드는 사람들 143
이수진	고려의 상류층 여인 재현도 85, 고려의 국사 재현도 104
이승민	불교 경전을 목판에 새기는 모습 181, 해인사 장경판전 183
이원우	원구단에서 제사를 지내는 모습 상상도 51

(주)사계절출판사는 이 책에 실린 모든 자료의 출처를 찾기 위해 최선을 다했습니다.
저작권자를 찾지 못해 게재 허락을 받지 못한 사진은 저작권자가 확인되는 대로 사용료를 지불하겠습니다.

키워드 한국사 3

2009년 11월 15일 1판 1쇄
2017년 1월 31일 1판 6쇄

지은이 | 김창현
그린이 | 이선희 · 김진화

편집 | 최옥미 · 강변구 · 최은숙
표지 디자인 | 김지선
표지 그림 | 홍선주 **표지 제목 글씨** | 김기조
본문 디자인 | FN디자인 김효경
제작 | 박흥기
마케팅 | 이병규 · 이민정 · 최다은

출력 | 한국커뮤니케이션
인쇄 | 코리아피앤피
제책 | 정문바인텍

펴낸이 | 강맑실
펴낸곳 | (주)사계절출판사
주소 | (우)10881 경기도 파주시 회동길 252
등록 | 제406-2003-034호
전화 | 031) 955-8588, 8558
전송 | 마케팅부 031) 955-8595 편집부 031) 955-8596
홈페이지 | www.sakyejul.co.kr **전자우편** | skj@sakyejul.co.kr
독자 카페 | 사계절 책 향기가 나는 집 cafe.naver.com/sakyejul
트위터 | twitter.com/sakyejul **페이스북** | facebook.com/sakyejul

ⓒ 김창현 2009

값은 뒤표지에 적혀 있습니다. 잘못 만든 책은 구입하신 서점에서 바꾸어 드립니다.
사계절출판사는 성장의 의미를 생각합니다. 사계절출판사는 독자 여러분의 의견에 늘 귀 기울이고 있습니다.
이 책은 저작권법에 따라 보호받는 저작물이므로 무단전재와 무단복제를 금합니다.

ISBN 978-89-5828-373-7 74910
ISBN 978-89-5828-370-6 (세트)